包 政 管 理 经 典

经理人的工作

向斯隆学管理

包政 郑坤 郝剑青 /著

机械工业出版社

CHINA MACHINE PRESS

斯隆是伟大的职业经理人，他的管理经验，在当下仍有很多值得学习和借鉴之处。本书作者调研了市面上有关斯隆的书籍和资料，对斯隆所做的事情进行了梳理和编辑，并整理成了 40 多个案例故事，剖析斯隆的职业化和专业性，力图清晰展示斯隆为企业乃至为产业社会做出贡献、创造成就的过程。

本书的目的是，使读者通过学习斯隆的管理经验，学会站在客观公正的立场上，实事求是地去对待和处理企业中方方面面的人和事，调动企业内每一个人的能动性，让人财物协同起来，找到有效解决问题的方式和方法，促进企业持续成长和发展。

图书在版编目（CIP）数据

经理人的工作：向斯隆学管理 / 包政，郑坤，郝剑青著 . —北京：机械工业出版社，2024.5

（包政管理经典）

ISBN 978-7-111-75450-3

Ⅰ.①经⋯　Ⅱ.①包⋯ ②郑⋯ ③郝⋯　Ⅲ.①企业管理　Ⅳ.① F272

中国国家版本馆 CIP 数据核字（2024）第 060677 号

机械工业出版社（北京市百万庄大街 22 号　邮政编码 100037）
策划编辑：石美华　　　　　责任编辑：石美华　高珊珊
责任校对：王小童　张昕妍　责任印制：郜　敏
三河市宏达印刷有限公司印刷
2024 年 5 月第 1 版第 1 次印刷
170mm×230mm · 16.5 印张 · 3 插页 · 180 千字
标准书号：ISBN 978-7-111-75450-3
定价：89.00 元

电话服务　　　　　　　　网络服务
客服电话：010-88361066　机 工 官 网：www.cmpbook.com
　　　　　010-88379833　机 工 官 博：weibo.com/cmp1952
　　　　　010-68326294　金 书 网：www.golden-book.com
封底无防伪标均为盗版　机工教育服务网：www.cmpedu.com

序　言

很多人都知道德鲁克，知道德鲁克的管理理论，但很少有人知道斯隆的管理实践。从某种意义上说，斯隆的管理实践是德鲁克管理思想的重要来源。德鲁克与斯隆的交往开始于1943年，那个时候，斯隆68岁，功成名就；德鲁克34岁，学富五车。斯隆比德鲁克年长34岁。可以说，两个人的世纪之交，成就了当今的管理学科，成就了现代企业管理学科。换言之，现代企业管理学始于德鲁克和斯隆的世纪之交。

1942年，德鲁克出版了《工业人的未来》[⊖]一书之后，非常希望能够找到一家企业，深入其内部去了解企业是怎么运行的，从而弄清楚企业应该如何在产业社会发挥出应有的功能或作用，以确保产业社会的正常运行，避免灾难性后果。1943年，通用汽车公司的副总裁

　⊖　本书中文版由机械工业出版社出版。

唐纳森·布朗邀请德鲁克来公司做调查研究，主要课题是研究分析通用汽车公司的政策和结构（见《旁观者》[⊖]第 14 章）。

于是，德鲁克顺利进入通用汽车公司，在那里进行了 18 个月的调研，并于 1946 年出版了《公司的概念》[⊖]一书，完成了其有关产业社会究竟应该如何维持正常运行的思考。德鲁克非常清楚，自己是一个社会生态学家，并默认自己也是一个管理学家，从事管理咨询和顾问工作。

斯隆对德鲁克呈现的调研成果并不满意，从未正面肯定过德鲁克，甚至认为他的书可能会误导管理的实践者，至少没有反映通用汽车公司的管理实践。

斯隆认为自己有责任消除这种不良影响，他决定写一本书，并组建了一个写作班子，其中有钱德勒和麦克唐纳，以向世人展示一个真实的通用汽车公司。不过，斯隆是一个谦谦君子，他认为德鲁克没有违背初衷与最初的写作计划，他有权表达自己的观点。

1964 年，斯隆的《我在通用汽车的岁月》[⊜]出版，好评如潮。日本企业的评价是，看到了这本书后才学会了对大公司的管理。斯隆以自己为原型，客观而理性地刻画了一个职业经理人应有的职业化和专业性。职业经理人队伍的职业化和专业性是大公司取得非凡成就的内在依据。对于这一点，德鲁克给予了充分的肯定并做出了以下有效的概括。

⊖⊜⊜　本书中文版由机械工业出版社出版。

1. 管理是一种职业，职业经理人是专业人士，他们和医生或律师等专业人士一样。职业经理人也有他的"客户"，即企业，他的自身利益要服从于客户的利益。所谓"职业化"，就是要对"客户"负责。

2. 专业人士的决策并非基于个人观点或偏好，而是依据事实。职业经理人的工作不是去喜欢别人，也不是去改变别人，而是要让人们发挥出自己的长处。至于员工本人或他的工作方式能否得到认可，唯一的衡量指标是他的经营成果，这其实也是职业经理人唯一应该关注的事情。

3. 成果不仅仅指"财务指标"，还包括以身作则。这就要求职业经理人有正直的品行，即追求经营成果，并能够以身作则，指导下属。

4. 分歧甚至矛盾不仅是必要的，而且是有益的。如果没有分歧和矛盾，也就不会有相互之间的理解。而如果没有相互理解，就会做出错误的决策。

5. 领导力不是"个人魅力"，不是公共关系，也不是表现能力，领导力是成果，是一贯的行为，是取得信任的能力。

6. 最后，职业经理人是服务人员，头衔并不赋予他特权，也不给予他权力，只能让他担负起责任。

尽管德鲁克对职业经理人的职业化和专业性做出了很好的概括，但是，他对斯隆作为经理人的工作并没有做出系统的描述。不得不说，这是一个很大的缺憾。本书《经理人的工作：向斯隆学管理》的出版，就是为了弥补这个缺憾，通过一个个故事展现斯隆是如何一件一件地处理事情的。努力把理论上的很多观念和概念与斯隆所做的事情，以及他当时怎么想、怎么做的过程结合起来展现给大家。斯隆有个很好的习惯，那就是客观而真实地记录每一件事情的全过程，包括时间、地点和人物，这些形成了难得的企业管理实践全景案例。《我在通用汽车的岁月》成书之后，斯隆并没有急于出版，为了不影响他人的生活，一直等到书中提到的人都去世后才出版发行，真是一个品格高尚且思维缜密的人。

在管理学领域，这样的全景案例是前所未有的。亨利·法约尔曾经想这么做，在写完《工业管理与一般管理》[⊖]之后，希望写出全景案例，把 5 项管理要素和 14 条管理原则通过全景案例展现出来，无奈他年事已高，这项工作没有完成。后来，明茨伯格在麻省理工学院斯隆管理学院读研究生期间，对 5 位总经理进行了写实，写成了《经理工作的性质》一书，也没能记录一个经理人做成一件事情的全过程。可以说，有关管理实践的纪实案例实在太少了，导致现实的管理学教育非常困难。我们希望通过进一步的努力，去挖掘此类管理实践的案例，帮助大家打通管理理论和管理实践之间的关系。

包政

2023 年 12 月

⊖ 本书中文版由机械工业出版社于 2021 年 5 月出版。

目　　录

CHAPTER 1
第 1 章

从工程师到经理人的
经营历练

从新手历练成经理人

当年法约尔就特别强调，冶金工业的工程师除了要学习专业知识以外，更重要的是要到工厂的实践中去磨炼。临近退休，他意识到管理的重要性，首创了管理学教育，也就是今天的 MBA 教育。强调在接受管理理论知识的教育之后，到企业实践中去历练的重要性。为此法约尔写了《工业管理与一般管理》一书，也算是教材。原本他还打算写一本有关管理实践的著作，总结他自己的经验，无奈年事已高，没有完成。

在工业化史当中，真正完成这项任务的人只有斯隆。斯隆客观真实地记录了他经理人经历的全过程，并组成了一个写作班子，其中有钱德勒和麦克唐纳，他们最终完成了一个展现经理人管理实践全过程的著作，这就是署名阿尔弗雷德·斯隆的《我在通用汽车的岁月》。

从斯隆的著作中我们就能感知到，经理人乃至企业的领导者，必是百炼成钢之人。诚如古人所云，"宰相必起于州部，猛将必发于卒伍"。经理人背负着种种沉重的压力，在残酷竞争的碾压下，殚精竭虑地为企业寻找活路。

1895 年，斯隆 20 岁，从麻省理工学院电子工程专业毕业，希望可以进入工业企业就职。他认为，工业界存在着有所成就的机会。然而，时运不佳，遇到了美国的经济衰退，到处都是失业大军。一连好几个月，他四处求职，一路碰壁。斯隆回忆说，这是他一生中最沮丧的时刻。他反复思考一个问题："在美国经济中，我适合什么位置，我应当怎样去做？"可见青年时代的斯隆就很有志向，渴望找到自己的位置，历练才干，成就大业。

后来，在父亲的帮助下，瑟尔斯先生的公司给了斯隆一个制图员的低微职位，从此斯隆开始了他的职业生涯。

这是一家刚成立的小工厂，叫海厄特滚珠轴承公司。工厂破烂不堪，只有一个窝棚似的厂房，旁边堆满了废弃机器，像个垃圾场，每逢下雨，一片泥泞。

海厄特制造的是一种新型的防磨损轴承，主要用于各类机器传动装置。公司有 25 名雇员，每月的工资开支超过 1 000 美元，当时斯隆的工资是 50 美元。而公司的月销售额不足 2 000 美元。尽管这家公司在产品与技术上有优势，但经营不善，连年亏损，老板瑟尔斯常常需要自掏腰包发工资。斯隆与财务人员彼得私底下一直进行研究，希望帮老板扭亏为盈。但多次建言，屡遭拒绝，绝望之下，斯隆愤然离职。

不久，海厄特面临破产，斯隆建议父亲出资 5 000 美元收购海厄特。于是，年仅 23 岁的斯隆成了海厄特的总经理，他终于可以按照自己的想法主导一家企业了。斯隆与年轻的记账员彼得组成了团队，开始治理海厄特的经营业务，两个人做了分工，彼得负责销售，斯隆负责生产，6 个月以后盈利 12 000 美元。

在前 4 年的时间里，斯隆每个星期工作 6 天，每天至少工作 10 个小时，循环往复，从未间断，也从未休假。此后的 18 年中，公司在他的领导下，获得了巨大的成功，从作坊式的工厂，发展成为规模化的现代工业基地。

斯隆是一个很爱学习的人，尤其喜爱学习那些成功者的经验，他对市场信息和经济形势也很敏感，从找第一份工作开始，就习惯于每天阅读相关的报纸杂志。

～

　　1900 年前后，美国汽车业刚刚冒头，汽车制造商们在寻找合适的轴承供应商。斯隆敏锐地意识到，海厄特应该努力融入新生的汽车工业中。

　　负责销售的彼得几乎访问了每一个汽车制造商，并且在每一个展览会上设置摊位，接洽采购汽车零部件的主管，并且努力赢得他们的信任。

　　斯隆则负责改进产品，使海厄特的轴承适应汽车制造商的生产装配线。为此，斯隆遍访了所有汽车制造商的工厂，结识了汽车业几乎所有的重要人物，并对新兴的汽车工业有了全面且深入的了解，海厄特的产品也开始进入汽车制造商的视野。

　　尽管斯隆在汽车工业兴起时占了先机，但能不能站稳脚跟，还取决于能否令汽车制造商满意，取决于能否对顾客的需求做出及时而切实有效的响应。

　　当时，作为客户的凯迪拉克公司总经理亨利·利兰先生，就曾拒绝接受海厄特提供的第一批轴承。这可是一件非同小可的大事，它决定着海厄特在汽车行业的前途和命运。斯隆急忙从纽约赶到底特律，亲自面见利兰先生。事情的起因是，轴承质量没达到合同承诺的 1‰英寸[⊖]的精确度。

　　⊖　长度单位，1 英寸 = 0.025 4 米。

一开始，斯隆尽可能地用温和的语言进行解释，在被利兰愤怒地打断后，反而冷静下来，不再为自己的公司辩护，而是承认错误并认真聆听。利兰先生的一句话令斯隆大为震撼，"我们制造的凯迪拉克汽车是用来驾驶的，而不仅仅是为了出售"。斯隆理解并完全同意利兰的看法，他开始诚恳地征求利兰先生的建议。他据此为海厄特轴承设定了一套完全不同的标准，以提高工作的精度，确保零部件的精确性。

从此，斯隆与利兰先生结下了深厚的友谊，并建立了牢固的工作关系。斯隆的格言是：从你尊敬的人那里寻求帮助和忠告，总会获得他们的支持和关心。

从1900年开始，斯隆成为一年一度的汽车展览上的常客。在1906年的汽车展览上，海厄特分发手册宣传自己的产品，斯隆亲自修改文案，为汽车制造商站台，告诫汽车的消费者要关注三个方面：外观外形优美；容易维修和保养；构造稳定可靠，确保驾驶者能够安全回家。

作为零部件生产企业，能够站在制造商的立场上，对消费者施加影响，表明斯隆接受了利兰的观念，海厄特必须与制造商齐心协力，共同生产制造能让消费者安全驾驶的轿车。

在1901年的汽车展览会上，斯隆认识了亨利·福特。福特比斯隆年长12岁，非常健谈，大部分时间斯隆都在倾听。

～

从1905年到1915年，海厄特已经与汽车制造商们捆绑在一起了，包括福特、莫特、凯迪拉克、奥尔兹、别克等。

在美国汽车工业的起飞阶段，汽车制造商的数量在减少，但规模在不断扩大。斯隆很明白，他的首要任务，就是与它们一起发展，满足它们不断升级的要求，以更低的价格提供更多数量的零部件。

在 20 世纪的第一个十年中，斯隆的注意力几乎完全放在生产方面：提高生产率，扩大产能，改善工厂技术。

1909 年，负责销售的搭档彼得离职了，有意思的是，斯隆对此没有惶恐，甚至认为这是一个转折的机会，海厄特是时候改变销售方式了。

过去，彼得的推销工作主要是建立在鸡尾酒会以及个人关系的基础上。斯隆则认为真正的销售工作，应该建立在成就客户的基础上，合作应该从帮助客户设计和优化生产流程入手。

为此，斯隆在汽车业的中心底特律设立了一间设计办公室，及时地调整轴承与汽车制造过程的匹配程度。同时，还配置了一个专业的团队，负责调整零部件的设计。

到 1915 年，海厄特已经从最初的 25 人猛增到了 3 800 人。到 1916 年，已成为两大巨头——福特和通用汽车的轴承供应商，其中一半以上的轴承销售到了福特公司。那时的福特已经成为行业的龙头老大，占据了美国汽车市场的半壁江山。

1916 年，41 岁的斯隆已经跻身富人行列，他对自己已经具有主导一家规模不小的公司的能力感到满意。

从斯隆早年的经历中我们可以看到，一个职业经理人应具备工程师特质，像对待工程机器系统一样去对待企业的经营业务体系，努力根据最终产出的结果，消除各种障碍和薄弱环节，保持流程的畅通。职业经理人要像工程师一样懂得效率的来源，相信任何跟最终结果没有关系的行为都是多余的，都是浪费；相信任何与最终结果相联系的流程中断都是失效，必须努力把流程衔接起来。为了提高基于流程的整体运营效率，斯隆努力和需求方进行合作，在提升自身技术和产品的同时，帮助需求方改进生产工艺，优化作业流程，甚至跟需求方一起去对最终的消费者施加影响，帮助需求方强化市场的拉力，等等。

随着这些经验的积累，斯隆作为一个工程师出身的经理人，他的工程效率意识和流程系统思维不断得到强化，经营一个企业的本事也随之得到强化。可以说，经理人的本事是在工程师意识与思维的基础上历练出来的。驾驭一个工程机器系统与驾驭一个企业经营业务体系，所需要的思维和意识是相通的。剩下的就是把握机会历练，像工程师那样持续地思考和不断地处理企业的经营业务。正如德鲁克所说，管理不在于知而在于行。所谓"心上学，事上练，达于道，合于一"，百战归来，就能成为商界领袖。

经理人的工程师思维

MBA 课程体系强调，学管理必须先学经济学，这样一来经济学就成了管理学的先导课程，这可能是有问题的，值得我们认真思考。德鲁克明确表示，他当不了经济学家，其中的原因我们猜测可能是经济学"见物不见人"，把人抽象为"个体"，可以简单加总的个体；而管理学"既见物又见人"，把人当作具有自由意志的"个性"，当作不能简单加总的个性。

既然每个人都有自己的个性和特质，那么企业的经理人有什么样的个性和特质呢？

爱因斯坦和卓别林两个人有着不一样的伟大，爱因斯坦的伟大，在于全世界没有几个人能理解他的理论；而卓别林的伟大，在于世界上谁都能欣赏他的艺术。同样地，杜兰特和斯隆都是高手，是两种不同类型的高手，杜兰特能够以资本运作的方式，组建通用汽车公司，却没有本事把它理顺；而斯隆能把一个拼凑起来的烂摊子，打造成一个强盛的汽车帝国。

杜兰特擅长投机。斯隆是工程师出身，具有工程师的思维特征，理性做事，公正待人，凡事讲究客观公正，实事求是，力图避免个人偏见与私交，除了公司的事情以外，没人知道他还有什么嗜好。

1904 年，43 岁的杜兰特进入了汽车行业，担任别克公司的董事总经理。1907 年，他试图说服摩根银行提供资金，打造汽车帝国。但是华尔街认为此时的汽车还不是一个行业，因此并没有动心。

杜兰特没有气馁，继续沿着自己的梦想前行。1908 年秋，他创建了通用汽车公司，进而进行了一系列的神操作，用少量的资金，以及换股的方式，推动大规模兼并重组。仅用一年时间，就将11家汽车公司、8家汽车零部件制造商，以及2家卡车制造商，整合到了通用汽车公司旗下。

遗憾的是他不懂企业的经营业务，仅仅两年财务上就发生了危机，失去了对通用汽车公司的控制权。1911年，他东山再起，成立了雪佛兰汽车公司，用了4年的时间，成功化解了自身的财务危机。1916年，他想组建一家独立的控股公司，命名为"联合汽车公司"，专门为通用汽车公司提供零配件。他的收购清单中就有斯隆经营的海厄特滚珠轴承公司。从此两位高人结下了不解之缘。

杜兰特在曼哈顿中区的办公室会见了斯隆，他省略了无用的客套，直奔主题，这正是斯隆喜欢的方式。杜兰特直接询问，是否能够购买海厄特，如果能，价钱是多少。

斯隆的回复也是直截了当，明确表示有兴趣，但需要回去跟董事会商量。这是一个职业经理人的思维方式和思维习惯，必须要有足够的时间，听取各方意见，进行深入思考，然后做出决策，把握机会，再上一个台阶。

斯隆和股东们深入讨论，一致认为只要价格合理，海厄特可以出售，理由有三条。

第一，海厄特的市场地位很脆弱，一半以上的产品都卖给了福特，万一福特自行生产滚珠轴承，或者转向其他供应商，那么海厄特将十分被动，经营风险难以控制。再说，海厄特的部分专利权已经过期，别人完全可以仿制。

第二，汽车业高速发展，很可能在短期内产生新技术，海厄特要想迎头赶上是很困难的。即使可以跟上技术进步的步伐，也难以仅凭自身的财力，持续完成产品的迭代。

第三，由于汽车业的蓬勃发展，海厄特的股东们已经不能从公司的利润中获得更多的现金回报了，反而需要不断将利润用于投入，否则海厄特的生产能力很难跟上汽车业的蓬勃发展，很难跟上汽车制造商们的节奏。

经过估算，如果能以 1 500 万美元的价格出售的话，是可以让海厄特的股东感到满意的。董事会经过短暂的讨论，就通过了斯隆的决定，最终以 1 350 万美元的价格与杜兰特成交。

斯隆和他的父亲获得并平分了 1 012 万美元。显然，18 年前以 5 000 美元买入海厄特的这笔投资，获得了丰厚的回报。

杜兰特只支付了总价一半的现金，其余都是用联合汽车公司的股票来支付的。斯隆一夜暴富是名义上的，财富的流动性并不高。

杜兰特的确是个高人，表面上是收购海厄特，实际上是引进人才，希望引入斯隆来经营联合汽车公司，斯隆欣然答应，这也是他的兴趣所在。

杜兰特很清楚，他的兴趣和长处不在经营一家企业。于是，他给了斯隆完全自由的经营权力。仅一年的时间，公司的销售额就达到了 3.36 亿美元。斯隆又一次展现了他已经习得的经营思维与经营能力。

　　1918年，杜兰特故技重演，通过股票互换的神操作，将联合汽车公司并到通用汽车公司旗下。斯隆也随之成为通用汽车公司的股东、董事、管理委员会成员，兼高层管理者、副总裁，继续负责经营联合汽车公司。从此，斯隆开始了在通用汽车公司的岁月。

　　从中我们能感知到，经理人的思维很像工程师的思维，并且能够用工程师的思维去思考一个企业的经营业务系统，努力降低成本，提高效率，谋求最终的经济成果。换言之，他们会努力弄清楚企业经营业务系统的内在逻辑，确保系统有效地实现目标，遇到麻烦，寻找原因，妥善解决。

━◦

　　值得注意的是，工业化以来，最早进入企业管理的是一群机械工程师，称"效率工程师"。弗雷德里克·泰勒就是工程师出身，在美国工程师协会中创办"管理分会"。亨利·福特也是工程师，在企业经营实践中，弄明白了效率和利润的来源，开发出标准化的T型汽车和规模化的流水生产线，开启了大众消费汽车的时代。有意思的是，人们在大谈"创新""创造顾客""企业家创新精神"的时候，却忘记了亨利·福特。

　　斯隆也是工程师出身，毕业于麻省理工学院电子工程专业。他在企业的实践中，学会了经营，懂得企业活下来的法则。他的工程师思维逐渐转变为企业经营的思维，转变为职业经理人思维。可以毫不夸张地说，产业社会自从有了斯隆，历史上的"效率工程师"职业消失了，产生了"职业经理人"。

选拔职业经理人并不复杂，只需要考量他的思维，一种像工程师那样考虑企业经营问题的思维。

职业经理人骨子里就懂得效率的重要性，无须告诉他如何才能有效。面对机械系统，他考虑的是如何有效；转向企业经营系统，他依然考虑的是如何有效。有效性是他安身立命的根本，离开了有效性，他自身就会失去存在的价值。

斯隆的早期经历也表明了这一点，虽然他只是海厄特的一名制图员，但对经营业务很操心，一心想帮助老板扭亏为盈。在建议屡遭老板拒绝后，他愤然离职。

后来遇到了杜兰特，斯隆凭借工程师式的经理人思维越做越好，最终成为整个通用汽车公司首屈一指的领导人。

效率是企业的命脉

很少有人认识到企业经营的命脉就是效率，企业的命脉就是提高效率，提高整体运营的效率。然而，更多的人看重的是利润，认为企业的命脉就是利润，只要挣到钱，企业就能活下来，反之，挣不到钱，企业就会面临倒闭。

德鲁克认为，利润是企业做对了事情的一个结果，利润作为一个检验指标，能检验企业是否做对了事情。企业挣不到钱一定是没有做对事情，一定是做错了什么。由此推论，企业经营的要害在于选择正确的事情去做，企业的要害在于所做事情的正确性。

接下来的问题就是：什么是正确的事情呢？什么是企业应该选择的正确事情呢？毫无疑问，每个企业都有自己的答案，每个企业的正确答案都是不一样的。只能说这是一个实践问题，不能一概而论。面对实践问题，理论也许只能到此为止了。

在实践中，斯隆这样的经理人，一个实践中的行家里手，确实是靠他的"挣到钱"证明了自己所做事情的正确性。问题是：他如何找到正确的事情？为什么他总能够找到正确的事情？

让人感兴趣的是，同样的资源和条件，在别人手里不挣钱，在他手里能挣到钱。而且在经营小企业的时候能够挣到钱，在经营大企业的时候也能挣到钱，这是一件匪夷所思的事情。

合理的解释就是，他满脑子都是"挣钱"，通过提高效率，提高整体运营的效率去挣钱。事情就是这么简单，事情背后的道理也许就这么简单。

没有挣钱的意识，不可能挣到钱，有了挣钱的意识，才能想尽各种办法提高效率去挣到钱。当他还是海厄特制图员的时候，他就跟财务人员彼得合作，研究如何为老板挣钱，让公司扭亏为盈活下来。无奈老板听不进意见，他愤然辞职。后来得知海厄特濒临破产，他极力劝说父亲出钱买下海厄特并亲自操盘，结果挣钱了，6 个月赢利12 000 美元，把企业救活了。

正是因为挣钱了，才显示出斯隆的经营才干。让一个企业起死回生并挣钱，就是有经营才干的证据。

杜兰特看到了海厄特的价值，更看到了斯隆的挣钱本事，于是"连人带马"收购了海厄特，组建了联合汽车公司，并任命斯隆为总裁。说到底，人家看中的还是斯隆挣钱的本事，能用企业来挣钱的本事，说得好听点儿，就是经营企业的本事。

联合汽车公司是一家拼凑起来的公司，聚集了众多生产汽车零部件和配件的小公司。这些小公司虽然成为联合汽车公司的事业部，但依然处于独立经营的分散状态，几乎不需要斯隆过问，也不愿意被更多地干涉。

作为总裁必须有所作为，斯隆就问自己，应该做些什么事情，应该在哪些事情上有所作为，才能让公司挣到钱、活下来。

在斯隆看来，"失效"就是企业不挣钱的原因，解决失效问题企业就能挣到钱。不解决企业失效问题，外部市场机会再多也是白搭。

生产得越多，卖得越多，赔得就越狠。

斯隆就像一个工程师那样，首先想到的是弄清楚哪个环节失效了，哪个环节掉链子了。他选择似乎跟挣钱没有关系的事情，这就是制定统一的会计报表系统，规范并收集各事业部的会计统计数据，以便准确地评估各事业部的运营情况和联合汽车公司整体的盈亏状况。

看来选择正确的事情去做并不难，难的是理解企业靠什么挣钱。很多企业以为挣钱的机会在外部市场，把很多精力和资源投在了市场的机会上，却不知道挣钱的要害是提高企业的效率，提高企业整体运营的效率。

很快斯隆就弄清楚了，联合汽车公司"失效"在"产销脱节"上，原因是销售功能太弱。这是企业的普遍问题，生产出来的东西卖不出去，能卖出去的东西生产不出来。公司旗下的那些事业部，都是单厂性质的制造企业，生产是强项，销售是弱项，加上各自为政，分头销售，进一步弱化了销售力量，降低了销售效率。

接下来的事情也不复杂，斯隆决定成立"销售服务部门"，把旗下各事业部的销售与服务职能整合起来。其中的好处不言而喻，可以统一处理销售和服务事宜，确保销售和生产之间的协调，保障对母公司即通用汽车公司的零配件供应；提高销售业绩，提高产销效率，降低运营成本。一句话，有望挣钱了。

斯隆的这一段经历，告诉了我们一个道理，从"失效"处入手做事情是正确的。因此，"正确地做事情"是重要的，而"做正确的事情"是一句空话，没人会选择错误的事情去做，哪怕他一直在做错事。

"正确地做事情"和"做正确的事情"两句话，听起来没太大的区别，然而，放到实践中去我们就会明白，如果不知道如何正确地做事情，那一定会很茫然，不知道什么是"正确的事情"。退一步说，弄清楚"失效"容易，沿着提高整体运营效率的路径去做事情容易，依赖路径去做事情容易，而选择正确的事情却很难。另外，指向"效率"的事情容易识别，而指向"正确"的事情不容易识别，只能请教高人，请教咨询顾问。

对一个效率工程师出身的经理人来说，提高企业整体运营效率是无止境的，而各自为政，形不成合力，这就是"失效"。因此，斯隆很容易想到，在销售与服务整合起来的基础上，建立一个"管理办事处"，可以顺理成章把生产以外的各种事项都管起来，继而发展出联合汽车公司的总部管理机构，同时制定总体政策，引导各事业部按整体运营的要求展开协同。仅仅一年时间，联合汽车公司就挣钱了，盈利 3 364 万美元。这个结果可以用来证明，斯隆所做的事情是正确的，他不仅选择了正确的事情，而且把事情做正确了。

后来，斯隆发现整个通用汽车公司也存在着类似"失效"的问题，但他并不知道如何处理这样一个大公司的"失效"问题，不知道各运营分部和公司总部之间应该如何互补和协调。

1918 年夏季，斯隆写信给艾默利·哈斯凯尔（当时和杜兰特一样，同时在执行委员会和财务委员会中任职），表达了他的忧虑，并提到他正在制订多个计划，以帮助通用汽车公司。随着时间的推移，他对通用汽车公司混乱而失效的状况越发感到不满，甚至开始考虑辞职，去一家投资公司当合伙人，成为一名汽车工业顾问。在迈出这一步之前，他决定先完成"通用汽车公司的组织合理化建议"，这就有了划时代的《组织研究》报告。

这是斯隆独立完成的报告，他没有从公司内部获取多少帮助，也没从任何管理书或者专家学者那里得到帮助，其他公司也没有现成的经验可供学习借鉴。

斯隆相信，他可以凭借对通用汽车公司的了解，以及经营一个企业的实践经验，去挑战大企业生死存亡的大命题，即提高整体运营的效率。

在斯隆思考的过程中，通用汽车公司的两大投资财团也在琢磨着如何解决这个大命题，对通用汽车公司的各分部进行研究，并试图建立某种形式的总部。

斯隆也设想建立一个总部，称"中央组织"机构，设行政首长和参谋部门，并界定清楚总部与运营分部的权力和它们之间的信息沟通路线，同时采集和处理经由沟通路线传递的准确有用数据。斯隆的这种设想与他在联合汽车公司所做事情的思路是一致的。这不是巧合，是正确做事情的内在逻辑，是提高整体运营效率的内在逻辑，是"用企业挣钱"的客观要求。

基于联合汽车公司的实践经验，斯隆方案的基本思路是，保留运营分部的独立与自治，激发其主动性和创新性。同时，立足公司整体的利益对分部的活动加以协调和控制，并消除那些到目前为止仍在继续的无效环节。尽管他的方案称作"组织研究"，但是要解决的核心问题依然是"效率"，是提高通用汽车公司整体运营的效率。

1919 年 12 月 6 日，斯隆把这份报告提交给通用汽车公司的执行委员会及总裁杜兰特先生，但直到公司爆发危机也没有付诸实施。

斯隆在海厄特将近 20 年的工作中，学会了运营规模相对不大的企业。加入联合汽车公司后，斯隆面对的是复杂的业务结构，混乱而无效的各部门关系。没有经验，只能凭借职业经理人的思维，以及谋求企业经营系统有效性的意识，最终他找到了解决问题的办法，学会了如何让分散运营的各项职能，服从于共同利益的安排，提高企业整体运营的效率。加入通用汽车公司以后，斯隆看到是大公司局部与整体关系的组织问题，导致整个经营系统失效。这种状况不仅挣不到钱，还会威胁到生存。然而，却没人意识到这个问题，更没人对此关注。

可以说，那个时候只有斯隆一个人把握了企业的命脉，把握了企业运营效率的命脉，从而开启了大公司"组织与管理"的历史进程，这也成就了他，让他后来成为一代卓有成效的职业经理人，达到职业生涯的至高境界。

正确的决策在于决策者承担责任的本事

正确地做事情、做决策，取决于一个条件，那就是经理人承担责任的本事。因此，重要的是选拔合适的人当经理，选拔有承担责任能力的人去做事情，去做决策。人要是选错了，事情就会出错，决策也会出错。企业选拔经理人也很简单，做对了就晋升，做错了就降级，优胜劣汰，有关如何做出"正确决策"的事情就这么简单。

如果把决策当作一门学问，事情就变得复杂了，就得把经理人的工作和他的决策分开，并强调经理人工作的本质是决策，用西蒙的话来说，"管理的本质是决策"。

如果我们到现实中去看一看，就会发现经理人整天都在做事情，当然也免不了要做决策。与其说"正确决策"，不如说"正确做事"。与其说"管理是决策"，不如说"管理是正确地做事"。按照德鲁克的说法，管理中要做决策的地方是很有限的，贝尔公司的费尔，执掌决策权几十年只做了四项决策，保证了后来贝尔公司30年的发展。

从斯隆的经历当中也可以看出，他做的决策很有限，更多的时间是在工作，而且是用公司的政策做事情，是用公司的政策进行引导，提高整体运营的效率。而政策的制定并不复杂，针对现实的问题或者不合理现象，提出需要改进的方面就可以了。与其说是在做决策，还不如说是在工作，是在从事日常经营业务工作。

斯隆确实也做过决策，那就是收购德国欧宝公司，为了通用汽车公司跨出美国和加拿大，走向欧洲，走向世界，成为一家国际化的大公司。这里有一个暗含的前提，斯隆他本人已经经过历练，能力已经达到了这个层面，能够为公司的发展承担责任，做更重大、更复杂和更艰难的选择。

即便如此，斯隆的决策并不基于价值前提或事实前提，并不基于见解或未经检验的假设，以及名目繁多的决策技巧和方法，更多的是基于责任，基于做决策的责任，基于对企业前途和命运承担责任的能力。用他的话说，"管理的任务并非对某个公式加以应用，而是要针对不同的情况做出决策。在决策过程中，固定、硬性的规则永远不能替代我们对于商业问题的合理判断"。这就明白地告诉我们，能否做出一项正确的决策，完全取决于决策者个人承担责任的能力。

斯隆习惯于把各种问题先摆出来，把各方的意见也都先摆出来，然后让参与决策的各方，针对问题的焦点，收集相关的事实，让事实来做出回答，让事实本身来做决定。他通常会说，"好了，现在事实已经清楚了，事实已经帮我们做出了抉择"。

斯隆的本事就体现在这上面，体现在能够找出需要回答什么问题，需要弄清楚什么问题上。然而，在这方面的本事非同小可，必须在成堆问题中辨析出关键的问题。正确地提出问题，比解决问题更重要，而这个本事只能靠历练。如果一个经理人到不了这个层面，不具有承担相应责任的能力，就不能勉为其难在这个层面上做事情、做决策。

⌒

1928 年 10 月，斯隆去欧洲考察，一起去的还有通用汽车公司的法律顾问史密斯。他们遍访了通用汽车公司在欧洲的各个出口企业和装配厂，也去了欧宝公司。这次访问激发了斯隆收购欧宝公司的兴趣，双方进行了交流和谈判，签署了一个初步的收购协议，协议表示要对欧宝进行进一步调查，然后再决定是否收购。该协议于1929年4月1日到期，如果确定收购欧宝，需要支付3 000万美元。

从这一阶段的事实可以看到，斯隆像一个懂行的人在逛古董市场，找捡漏的机会。决策的先决条件是，决策者本身是行家里手。如果决策者是对的，那么他所做的决策就是对的。企业的事情是很简单的，如果决策者做错了决策，那只能下台，换一个能行的人。

1928年11月9日，斯隆把这个情况汇报给了执行委员会，执行委员会基本上认同，并且同意进行深入调查。

1928年11月22日，执行委员会决定组建一个调查小组来负责这件事，牵头人就是史密斯。

执行委员会决定组建调查小组的原因，是希望发现确实的机会，为通用汽车公司谋求更好的发展前景，或者说，希望不要丧失借助于欧洲市场谋求发展的机会。这是斯隆决策的起点，这个起点包含一系列的思考，以及一系列相应的疑问。也许正是有了这样的思考与疑问，才会引导斯隆去发现欧洲市场的机会。斯隆为什么能有那样的思考和疑问呢？因为他已经历练到了这个层面，具有在这个层面上经营一个企业的能力。说一句题外话，决策不是一件独立的事情，更不是一门独特的技能或学问，而是经理人所做事情的一个环节，是如何处理现实问题的一种选择。

在新组建的调查小组出发之前，斯隆发给史密斯一份正式的备忘录，提出了自己的思考和疑问。希望史密斯带领的调查小组，在收购欧宝的事情上，对下列问题进行思考并做出回答。

第一，如果有一天美国出口的轿车只能进入高价位市场，真正的大众市场被欧洲当地的轿车统治，我们是否会后悔现在没有竭尽全力来避免这种局面。

第二，如果能在欧洲大陆、英国和海外其他市场生产一款比现有的雪佛兰更简单，并且经过设计和开发，售价也更低的车型，那么会不会出现巨大的市场机会？

第三，如果对于刚才说的第二个问题的答案是肯定的，哪怕现在还没有实现，那么是不是可以认为，随着德国工业的发展，制造成本的差异就会小于关税和其他进出口的支出，这个巨大的市场机会就会呼之欲出呢？

第四，如果对海外制造业的投资能够获得丰厚的回报，那么公司是不是就有机会借助于上述市场的运营，捍卫公司的规模、销量、利润以及保护海外其他地方的业务发展不受损失？

最后，斯隆在给史密斯的备忘录中强调，"作为执行委员会主席，我特别想对大家说的是，不要对任何事情想当然，要用一种开放的心态去研究和接触各种观点，不要带有成见，我们唯一的目的就是获取事实，无论这些事实会把我们引向何处。事实上，这是自经理人阶层扎根于企业经营业务领域以来，公司在资本投资和企业发展领域迈出的最重要的一步。通用汽车公司涉足海外制造这件事，必然会在行业内和政府部门间引起广泛的讨论。因此，执行委员会对这个问题的分析承担重要责任，这不仅仅是为自己，也是为了整个公司"。

斯隆明确指出，备忘录当中的并不是见解，也不是需要验证的假设，而是一种对通用汽车公司前途和命运的思考，一种做决策的责任意识。

1929年1月1日，史密斯带领调查小组正式启程，并完成了收购欧宝公司的专项调查。18日，斯隆向财务委员会汇报了欧宝以及海外生产的全部情况，财务委员会总体上也表示认同，并通过了收购欧宝的决议。决定在执行委员会下设一个收购欧宝的委员会，授权其完成收购的交易任务，完成通用汽车公司对德国欧宝公司价值1.25亿马克的重大股权收购任务。

被授权完成欧宝交易的下属委员会的成员有弗雷德·费希尔，一位董事，一位同时在执行委员会和财务委员会都任职的成员，以及斯隆，共四人。

1929年3月8日，下属的收购欧宝委员会再次向执行委员会提交报告，结论性意见是行使购买权。报告中详细记录了德国汽车市场当时的发展情况及欧宝的信息。特别值得注意的是，欧宝有736家销售网点，拥有德国最好的经销商组织。收购会让通用汽车公司拥有欧宝的经销商组织，并可以获得一个德国背景而不必以外资身份从事运营。

1931年10月，通用汽车公司做出了收购欧宝的最终决定，获得了欧宝公司的全部股份。

收购欧宝公司使通用汽车公司在德国市场上占据了有利位置，进而，使通用汽车公司从一家美国国内制造商转变成一个具有国际视野的制造商，不仅拓展了市场发展的空间，而且拓展了资源配置的空间，包括人才资源、技术资源和设备资源，等等。

　　值得一提的是，1929 年爆发的经济危机，使通用汽车公司的出口量暴跌。然而，至 1932 年，出口量开始回升，海外的产销量的增长更快，1937 年出口 18 万辆汽车，同时，海外的产销量达到 18.8 万辆。这一切都应该归功于收购欧宝。

　　从通用汽车公司一项重大决策的全过程可以看出，做决策不是做学问，是经理人日常经营业务中的一项决策工作，贯穿决策工作始终的是提高企业经营业务的运营效率及其经济成果，而决策水平的高低，全凭经理人在企业经营业务中练就的承担责任的本事。

　　按照斯隆的话说，"一个组织并不能做出决策，组织的功能是基于已经确立的准则，提供一个框架，在这个框架内，人们可以用一种有序的方式进行决策。决策的制定者和责任人是个体"。说白了，一个经理人必须站在公司的立场上，承担起做决策的责任，凭借个人的能力或本事，按照客观公正的程序承担起做决策的责任。

CHAPTER 2
第 2 章

组织政策开启现代
企业管理之路

摆脱过去，从"组织研究"入手

企业要想摆脱过去，究竟应该立足现实还是着眼未来？按照德鲁克的说法，这是两件事情，必须一件一件去做，先摆脱过去，再走向未来。尤其不能靠走向未来，实现摆脱过去的目的。具有管理专家思维的人往往会犯这个"放眼未来"的错误，强调使命、愿景和战略的重要性，美其名曰"顶层设计"。企图在更高的层次上解决现实的矛盾和问题，或者说，企图把现实的矛盾和问题放在更宏伟的愿景中解决。结果理想和现实背离，让人迈不开步子。

那么如何才能摆脱过去呢，怎样做才能摆脱过去呢，做什么事情才算摆脱过去呢？产业界通常的做法就是"关停并转"，说白了，就是推倒重来，另辟蹊径。说好听一点儿，就是资产重组，申请破产保护。

斯隆刚进入通用汽车公司的时候，也许就是这么想的，认为这个公司没救了，想改行当一个汽车行业的顾问，但他的人品又不允许他一走了之，最后决定留下来，帮通用汽车公司研究一个救命的药方。后来这个药方见效了，通用汽车公司起死回生，摆脱了过去，这个药方就是《组织研究》报告。

毫无疑问，这个研究报告丝毫没谈企业未来的辉煌前景如何，也没谈企业的使命是什么，企业的顾客是谁，企业的顾客认为有价值的是什么，等等。只是讨论了公司内部的各种关系，重新进行了"分工和组织"。

斯隆很清楚，通用汽车公司旗下的各个子公司都是有能量的，也算是这个市场上有头有脸的品牌公司，有人才、产品、资源、技术和市场，尤其是它们的老板和经理人，都是经历过残酷竞争的百炼成钢之人，这是通用汽车公司起死回生的根本力量。

然而，通用汽车公司没有集中统一的领导力量，无法协调整体和局部的关系，也无法协调各局部之间的关系，形不成合力，甚至相互挤压，导致内耗。这是通用汽车公司生命垂危的根本原因。

因此，斯隆只能从"协同行为关系"入手，用"分工"的手段，界定清楚各个子公司之间的关系。同时发育出中央组织机构，用"组织"的手段，构建一体化运营的关系体系。这就是后来的"事业部制"。

斯隆主张，通用汽车公司不能像福特汽车公司那样，采用行政化的中央集权方式建立各方的协同关系，只能依靠集中政策的引导，逐渐形成整体运营的协同行为关系。这是斯隆组织建设过程中的原则，正是这个组织原则，开启了现代企业管理的历史进程。

斯隆的《组织研究》报告中有两项基本原则：

第一，绝对不应当限制每一个业务部门最高经理人的职能，以便使其充分发挥主动性并得到合理的发展。

第二，公司总部的"中央组织职能"要合乎逻辑地发展，其对公司各种活动的适当控制是绝对必要的。

在这里，斯隆采用了一个看似矛盾的表述：每一个业务部门的最高经营者绝对不应当被限制，而总部的中央组织的适当控制又是绝对必要的。

多年后，斯隆在《我在通用汽车的岁月》一书中写道："对这自相矛盾的表述，我只能淡然一笑，殊不知，这正是问题的关键所在。"

他清楚公司的现状，了解各部门经理需要自治权，以便有效地开展各种各样的经营业务活动。同时公司的总部也需要对各部门经理进行监管，使他们处在公司的财务和政策指导原则的范围之内。

为了使 2 项组织原则具体化，斯隆经过长时间的思考之后，又明确了 5 项组织目标：

第一，不仅需要从各分部彼此关系的角度，而且需要从它们与"中央组织"关系的角度，明确界定组成公司业务活动的各分部职能。

第二，需要确定中央组织的地位，并使中央组织的运作与公司的整体利益相一致，以使这种运作以必要而合理的方式进行。

第三，公司的所有经营管理职能，必须由首席执行官即总裁集中统一控制。

第四，将直接向总裁报告的经理人数限制在可行的范围之内，确保总裁集中精力制定政策，引导广泛的公司业务，而不必事必躬亲，去处理那些可以委托给下级经理人的事情。

第五，在每一个分支机构内部建立一种机制，使所有其他的分支机构能够以顾问的形式发表自己的意见，促进全体分支机构沿着有利于整个公司的路线运行。

值得一提的是，斯隆从界定财务委员会和执行委员会的目标与职能入手，来界定分部和总部的关系。

财务委员会继续以往的职能，在此基础上，执行委员会继续保留对公司运营业务各项活动的整体监督，但必须把各项运营业务活动的经理人整合起来，形成统一的力量，每一个业务运营分部在执行委员会中都拥有代表。执行委员会的主要职责是制定公司的整体政策。公司总裁的主要作用是解释公司政策，并监督和保障其实行。

接下来就是实施路径，斯隆设想了4个路径，来实现2项组织原则和5项组织目标：

第一，对各运营分部进行重新归类，形成虚拟的业务集团。

第二，在总部设立分管各"虚拟业务集团"活动的经理。

第三，扩展总部参谋人员的职能并将这些职能的办事处合并为一个单一的"咨询参谋部"或"顾问部门"。

第四，扩大财务和会计部门的职权范围。

为了便于公司总部对整体运营业务的掌控，斯隆对公司的经营业务进行分类梳理，将其分成了4个板块，即整车、零件、部件和杂项产品，并明确了这些板块之间的相互关系，以及与总部的关系。

斯隆在处理这个组织难题时，把握住了事情的要害，即依据零件和部件的生产与供应关系，把整车、零件和部件的板块区分开来，并明确各个业务部门属于哪个板块：

第一，整车业务板块，主要从事完整的汽车制造和销售的业务部门，它们的零部件部分从公司外部采购，部分来自公司内部的其他部门，同时它们也利用自己的设备制造部分零部件。

第二，零件业务板块，主要生产零部件、对外销售额超过60%的业务部门。

第三，部件业务板块，主要生产零部件、对通用汽车公司内部的销售额超过 40% 的业务部门。

第四，杂项产品业务板块，包括拖拉机和电冰箱业务、海外活动业务和通用汽车承兑公司，等等。

斯隆把这 4 个业务板块，设想成 4 个"虚拟业务集团"，并刻画出运作方式。

比如零件业务虚拟集团，由一个"虚拟集团副总裁"负责，具体的职责是顾问性的，确保各种业务体现公司总裁、董事会、财务委员会和执行委员会的政策。

虚拟集团副总裁不负责日常经营，作为一个个体，他以顾问的身份监督多个分部的工作。作为一个集体，他协助制定公司的总体政策。这种新的职位不仅有助于协调和评价一系列分部的工作，而且还减少了直接向总裁报告的经理人数。

再比如部件业务虚拟集团，其内部的各个业务单元，都是生产和制造，纯粹而简单，并且在组织上相互独立，无须组合为一个大型的业务部门，这样较为经济而且在制造上也方便。每个业务单元的总经理，全权负责业务的成功与失败。另外，每个业务单元无论规模大小，都由总经理负责制定和实施所有细节方面的政策，并且只服从部件业务虚拟集团副总裁以顾问方式进行的管理协调。

正是这项组织研究，使斯隆看到了通用汽车公司起死回生的希望，并留下来继续工作。1921 年，也就是通用汽车公司危机爆发后的第二年，在以杜邦为首的新领导班子的支持下，斯隆的《组织研究》

报告被批准实施,最终使通用汽车公司摆脱了过去,走出了困境。

也正是斯隆关于组织的总体思考和研究,尤其是基于整体运营的协同行为关系研究,使公司总部成为"管理当局"而不是"行政当局",不依赖中央集权驾驭一个大公司,从而使通用汽车公司与美国钢铁公司、联合制铜公司、联合碳化物公司、联合化工公司,以及当时的其他工业控股公司区别开来,成为一个真正意义上的现代企业。

可以说,亚当·斯密的"分工理论"及其市场协调的手段,开创了现代工业的时代;斯隆的"组织研究"及其管理协调的手段,开启了现代企业的时代。

结构化力量从组织中谋求

企业的致命缺陷存在于组织的结构之中，企业的生命活力也存在于组织的结构之中。任何企业都必须从组织结构入手进行系统治理，方能打开通向未来的大门，走向成功。

组织结构的本质是，基于企业经营业务活动而展开的人与人、团队与团队以及部门与部门之间的协同关系。这一点，与切斯特·巴纳德所强调的组织概念是一致的，就是人与人之间协调的行为关系体系。

当年，斯隆刚进入通用汽车公司就意识到，这个公司很麻烦，甚至一度对这个公司丧失信心，旗下各子公司各自为政，一盘散沙，没有协同，更多的是内耗，形不成冲击市场的整体力量。

有意思的是，斯隆发现通用汽车公司跟他领导的联合汽车公司一样，都存在着组织结构上的致命问题。说白了，无论公司大小，致命的问题都存在于组织的结构——缺乏代表公司整体利益的总部领导机构，从而无法协调各部分之间的相互依存和相互作用关系。

于是，斯隆开始对通用汽车公司的组织问题进行研究，形成了《组织研究》报告，创造性地提出了事业部制组织结构，完整的概念应该是，集中政策条件下各事业部的经营自治。具言之，在各事业部自治经营的基础上，强化总部的权威力量，用集中政策等协调方式加以引导，不断提高企业整体的经营能力。中国的很多企业也在学习事业部制，但能够体现斯隆创造事业部制的思想精髓的不多。

斯隆思想的精髓，在于他反对依靠行政命令的方式做事，强调通过共同协商的方式形成共识与决策，以便充分调动各方的主观能动性，并允许各方以合适的方式分头采取行动。他很清楚，只有这样做才能把各方的能量转化出来，逐渐聚合到整体的目标和方向上去。因此他告诫各方要有耐心，不能操之过急。

斯隆对组织问题的正确认识，源自他独特的工程师思维，这种思维在泰勒的管理思想中已经表述得很清楚了，这就是"整分合原理"。具体而言，首先按整体目标进行分工，然后明确各分工主体的目标和任务，最后进行一体化的整合。一体化也称"组织"，所以斯隆的研究可以称为"分工基础上的组织研究"或"分工与组织研究"。

1921年，斯隆的《组织研究》报告批准推行，这意味着"组织研究"阶段结束，开始了"组织建设"阶段。

把组织研究转化为组织建设是很难的。用斯隆的话说，组织形态将发生怎样的实际变化，并不能从这份《组织研究》报告的逻辑中推演出来。比如，哪些部门职责应该保留，哪些事情需要协作，相应的政策制定和政策执行又涉及哪些内容，等等。

当时通用汽车公司的领导机构执行委员会并没有能力担当这个重任，执行委员会的4位成员，都是轿车运营的门外汉。皮埃尔·杜邦为董事长，没有亲自抓过运营。拉斯科布是搞财务的，哈斯凯尔也没有直接参与过运营。最后就是斯隆，用他自己的话说，他和汽车行业走得最近，尽管一直在这个行当里干，但是他的汽车运营经验很有限。

公司运营的最高职责，实际上落到杜邦和斯隆两个人身上。两个人只能勉为其难，共同扛起责任。斯隆作为杜邦的主要助手，一起工作，一起出差，每隔两周就去底特律，和运营经理层开会。6个月之后，斯隆成为公司运营的执行副总裁，直接向杜邦汇报。

在1921年的一整年里，执行委员会召开了101次正式会议。不仅处理了许多紧急问题，而且还讨论了公司长远的发展，并经常出差去探访各个事业部及其工厂。

斯隆很清楚"组织研究"，这是他心中的蓝图，他必须有耐心去寻找"组织建设"的切入点。

企业中的事情就是这样，容不得大刀阔斧地去改革，只能从见利见效的事情上入手去做改善，只能在逐渐改善的过程中，有理有利有节地引导事情向"组织研究的蓝图"转化。

摆在大家面前显而易见的事情，就是处理和改善各事业部库存以及产销衔接问题。

随着事情的逐渐推进，很快大家都意识到需要有统一的政策和规则，来协调各事业部的产品线及其市场表现。否则，按下葫芦浮起瓢，事情无法得到根本的解决。到了这个时候，通用汽车公司的组织建设才真正开始了。

于是，斯隆成立了专家参谋职能机构，加强总部的领导力量，主要是执行委员会的领导力量，提高各项政策和规则的可行性与权威性。同时加强对各事业部的指导力量，为各事业部提供有关技术和商业的咨询服务。尽管专家参谋职能机构的研究内容很广泛，并且不限于现有的业务范围，但是大家确信，深入开展这种研究，将对所有的业务起到重要的指导作用。

组织研究和组织建设最重要的工作，就是要明确各种职能部门之间的关系，尤其要明确专业职能部门与业务职能部门之间的关系。否则两类部门就会背道而驰，相互打架，彼此诋毁。

斯隆一开始就非常明确，专家参谋职能机构的性质是顾问，各事业部可以按照自己的意愿做出决定，对专家咨询意见或接受或拒绝，但必须服从总裁的监督与指挥。

随着时间的推移，公司总部的专家参谋职能机构逐渐发展起来了，开始以"参谋办事处"的方式向下属各机构渗透。比如，渗透到凯特灵的工程和研究部门，公司的生产和工厂布局部门，以及采购处、销售处和处理所有与交通有关事务的处室，等等。

顺便提一下，1921年，总裁杜邦也做了一些组织上的调整，即把税收和保险两个处室划归财务总部，并设了雇员奖金和统计处。同时，审计办事处被分为三个部门——一般会计部门、成本会计部门和拨款会计部门。

总部专家参谋职能机构向下渗透的结果是，形成了自上而下的专家参谋职能体系。

在此基础上，执行委员会建立了一个庞大的运营委员会，由各事业部总经理和重要的参谋部门的专家组成，负责为执行委员会提供建议并协助其工作。各事业部通过运营委员会和专家参谋总部，一起负责大部分的日常运营事务。

对此，杜邦非常满意，认为 90% 的问题不需要经过执行委员会解决，这样执行委员会的委员们可以充分研究总体业务规程，以及制定公司的总体政策。把具体运营和实施指令的担子，交给直线经理、参谋人员和财务部门。

1921 年，斯隆依据《组织研究》报告，设立了零件和部件两个虚拟集团并指定了负责人。原来设想的杂项产品集团没有成立，另外，新成立一个出口业务虚拟集团。

与此同时，总部的财务和审计部门也得到了加强。在拉斯科布的引荐下，杜邦公司的前任财务经理布朗，于 1921 年 1 月 1 日加入通用汽车公司，并成为通用汽车公司财务副总裁，很快公司总部就理顺了财务、会计和审计系统，并处理了公司长期存在的财务和存货问题。

公司专家参谋总部的下属"参谋办事处"人员，也在这个过程中配置齐全。其中包括由凯特灵领导的工程设计与研究部、生产处、工厂布局处与专利部，还有新成立的销售分析与开发处，负责人是原来在福特公司负责销售的霍金斯，等等。

在这几个月里，执行委员会对各事业部经理进行了重大人事调整。到 1921 年末，斯隆的组织建设计划大都付诸实施了。

然而，组织建设并没有就此结束，通用汽车公司高层不得不经常思考三个方面的问题：

第一，如何界定各事业部业务活动的范围，以使每个事业部活动成为其他事业部更有效的补充。

第二，如何使流经新的组织结构的信息更准确和有效。

第三，如何进一步建立沟通渠道以使总部的经理人与事业部的经理人更有效地协同工作。

直到1925年，斯隆及高层经理们确信通用汽车公司已经建成了一个高效率的一体化运营的组织结构。

按照巴纳德的观点，组织就是人与人之间协调的行为关系体系，那么组织结构就是人与人之间形成的结构化的行为关系体系，就是人与人之间按照共同目标形成的相互依存、相互作用的结构化行为关系体系。从这个意义上说，人们可以把企业理解为一个组织。

巴纳德不只是讨论组织问题，更重要的是讨论经理人的职能，回答经理人究竟是干什么的。他强调经理人重要的职责或职能工作是，通过持续沟通，建立起共同的目标，以及为共同目标做贡献的协同意愿。很遗憾，巴纳德所领导的贝尔公司新泽西分公司，并没有取得令人瞩目的成就。

斯隆的成功表明，必须从总体上对一个企业进行结构化的组织设计，使企业从整体上呈现出结构化的力量，满足分工基础上的一体化运营要求，以及满足一体化运营条件下的有效分工。

"一体化运营"就是巴纳德所强调的"组织"，结合斯隆的实践经验，从组织研究到组织建设，应用的是"分工与组织"的手段，谋求的是"分工与组织"的状态，确保企业整个经营体系能够持续按照生存竞争的目标，有序、合理、高效地运行。

因此，我们有理由说，经理人的职能是"分工与组织"，而经理人首要的工作是应用分工与组织的职能，进行组织研究和组织建设。

协同专业人员与业务人员

专业职能体系进入企业，与经营业务体系有效结合是企业核心竞争力的来源。尽管很多企业都知道必须打造核心竞争能力，才能使企业立于不败之地，但是对于究竟如何打造企业的核心竞争力以及要害在哪里，却知之甚少。

通用汽车公司在斯隆的领导下，依靠"组织建设"谋求企业的结构化力量，在新的组织结构中大量引进专业人才，形成自上而下的专业职能体系，使组织的结构化力量进一步得到强化，形成了企业的核心竞争力。

当年通用汽车公司的专业职能部门有很多，比如凯特灵的工程设计与研究部（以下简称"研究部"），霍金斯的销售与开发处，还有工厂研究处，采购研究处，等等。

第一，凯特灵的研究部致力于促进发动机、零件、车体燃料和其他技术改进，以提升汽车的舒适度和运行效率。

第二，霍金斯的销售与开发处，负责策划各种广告活动、拟订零售政策、设计陈列室展示，等等。

第三，工厂研究处主要负责开发并检验新的生产方法、成本分析、防止浪费、回收废物、工厂布局和设计，等等。

第四，采购研究处主要给各事业部提供关于集中采购合约的建议，协助各事业部在跨部门采购方面的合作。

后来通用汽车公司又发展出了工程开发职能体系，以及庞大的汽车测试场所。

构建专业职能体系也许是一件容易的事，但发挥专业职能体系创造知识和应用知识的能力，是很不容易的，这是很多企业至今都没有学会的事情，导致专家以及专业职能部门处在"废用"或"用废"的状态。业务部门往往会把专业人士看作"书呆子"或"麻烦"，弃之不用。

斯隆很清楚，为了让专业职能部门发挥作用，必须避免专业职能部门和事业部之间发生冲突，明确专业职能部门以顾问的性质定位，应该像财务机构一样，帮助公司总部开展协调、评估和政策的拟定工作；同时，向各事业部的总经理和总部的经理人，提供改进和发展运营业务的专业建议，并强调各事业部对这些建议可以采纳，也可以不采纳。这样就可以避免冲突，防止专业职能部门的"专权"，也就是凭借专业知识权威，干预乃至干扰事业部的经营业务。

斯隆很厉害的地方，就是他知道专业职能部门不能专权，就像财务部门不能专权一样，必须保证责任和权力的对等。专业职能部门对各事业部的经营结果不承担责任，因此也不拥有权力。按照管理学的说法，没有责任约束的权力一定是被滥用的，没有责任约束的权力一定会被掠夺。

在这个前提下，斯隆进一步赋予专业职能部门一项责任，这就是监督以及构建信息交流渠道。这在管理学上称为"监而不控"，说白了，就是有责任监督和反映，无权力控制和干预。

斯隆要求专业职能部门在指导和帮助各个事业部的同时，协助总部对各事业部的运营情况进行监督，包括监督各项政策是否得到了恰当的执行，并提出改进当前做法的建议。

这个要求非常微妙，专业职能部门不能为监督而监督，为反映而反映。不能敷衍塞责，马虎了事。必须具明事实，并提出中肯的改进意见或方案，做到尽责尽力。

接下来的事情就很有意思了，专业职能部门要想尽责尽力，必须使专业职能体系上下贯通，并建立专业职能领域的信息反馈通路。这样专业职能部门就能像布朗领导的财务部门一样，按照斯隆的要求，参与各项协调方案的制订过程，进而保证各下属专业职能处室能够以大致相同的方式履行职责，同时掌握整个公司专业职能体系的一手信息，促进整个公司在销售、生产、会计、工程和研究等专业职能领域的信息交流。

这就是斯隆做事的风格，以建议的方式，提出合理的要求，在成败的关键上下功夫，促进局面的改变，并使局面的改变符合他的"组织建设"蓝图。就像古人说的那样，大处着眼，小处入手，因势利导，循序渐进，逐渐形成预期的模样。

即便如此，各事业部和专业职能部门之间的矛盾和冲突还是难以避免。事业部的经理人往往把从事研究的负责人，看作乱加干预的外人和理论家。

例如，凯特灵研究部最重要的项目是开发一种新型的发动机，就是把铜片焊接在气缸壁上进行制冷，不需要冷凝器、水泵和防水隔离罩。这种发动机比传统的发动机更轻、更有劲、更省燃料。

然而，事业部对此持怀疑的态度，认为这款发动机会给生产带来很多麻烦和难题。

在花掉了几百万美元之后，这个发动机的研发计划被迫放弃了。

凯特灵将失败归咎于事业部工程师和生产人员的反对与不合作，说他们看不到这个新项目的潜力。斯隆意识到这是一个很大的问题，但一时也想不出有效的办法来解决这个问题，只能等待。

后来在集中采购的问题上也发生了类似的事情，斯隆才想出了办法，创造性地用"委员会"的方式，解决了专业职能部门与事业部之间的协同难题。

这与斯隆一贯的组织原则是一致的，在遇到内部的冲突与矛盾的时候，决不使用行政命令的手段，而是让产生矛盾与冲突的各方坐下来开会，在公司领导阶层的关注下，以更加理智的姿态，按照公司的整体利益要求，共同商定解决问题的方法与方案。正如 GE 公司前总裁杰克·韦尔奇所说，企业没有难事，凡是能放到桌面上公开讨论的事情，都是可以解决的。很遗憾，至今为止很多企业为了省事，往往使用行政手段。这不仅抑制了人的主观能动性，而且使企业当局蜕变为"行政当局"，而不是"管理当局"。斯隆创造的委员会方式，也很少被后来的企业所使用。

1922 年春，各事业部的经理对公司集中采购方案仍持怀疑态度。对此，斯隆首先成立了一个综合采购委员会，把综合采购部门的专业职能人员和各事业部的经理人组织在一起，来交流和讨论集中采购的问题。

按照公司集中采购的方案，预计每年可以节约 500 万～ 1 000 万美元。而各事业部的经理则担心，那些通过长期积累而形成的采购相关的特殊经验将失去用武之地。另外，集中采购无法满足各事业部多样性的需求，还会严重侵犯各事业部经理的职责与权力。

综合采购委员会进行了充分的交流和深入的讨论，最终斯隆建议合同由代表不同事业部的委员会起草。除了具体的合同格式外，委员会还制定了统一的采购政策和程序。委员会下设办公室与常任秘书，为委员会讨论集中采购合同准备议事日程和会议资料，确保委员会展开具体的讨论与研究，形成一个时期物料集中采购合同的文本及其报告；合同的细节和措辞，则交由总部综合采购部下属的采购办事处来完成。

综合采购委员会取得成功之后，斯隆又成立了一系列委员会来协调事业部与专业职能部门之间的关系。比如，成立综合技术委员会，协调凯特灵研究部和事业部的关系。另外，还有机构广告委员会、综合销售委员会、工厂经理委员会和动力及维护委员会，等等。这些委员会都有自己的秘书、办公室与预算。

1923 年 5 月，斯隆成为通用汽车公司的总裁，他先后担任过综合技术委员会、工厂经理委员会和综合采购委员会的主席，并出席所有委员会的会议。

公司总部执行委员会的其他成员，至少在一个委员会拥有职位，布朗负责综合销售委员会，普拉特负责综合采购委员会。这样，跨部门委员会为直线经理和专业经理，以及总部执行委员会提供了一种系统化的交流方式，他们每月定期举行会议，还经常交换信息，讨论如何解决共同关心的问题。

　　只有专家级人才及专业职能部门进入组织的结构之中，才有可能使企业形成核心竞争能力，并获得持续成长的内在动力。这同时也给企业带来一大挑战，即如何使专业职能体系与经营业务体系协同起来，共同打造企业的核心竞争能力，为企业的整体利益做贡献。值得我们思考的问题是，离开了斯隆的组织原则以及共同协商的工作方式，是否也能完成这种挑战？这也许是中国制造转向中国创造的管理难题。

协同通过集中采购的方式实现

集中采购的好处是毋庸置疑的，而且很容易看到其中的好处，但是能不能获得集中采购的好处呢？很难。这取决于一个企业的组织与管理能力，如果缺少这种能力，那么集中采购的好处就化为乌有。

一般而言，集中统一的力量来源于协同，来源于组织与管理能力，没有系统就没有效率。对于通用汽车公司来讲，集中统一采购的好处与效率，来源于总部专业职能部门与各个事业部之间的协同，来源于谋求系统效率的组织与管理能力。

企业"集中采购"早已是产业界的普遍共识，被认为是产业经济中的一项重要举措。斯隆早年在联合汽车公司的时候，也有过这方面的实践经验，通过集中采购，降低成本，提高效率，减少库存资金的占用，等等。

在1922年以前，企业的普遍做法是成立一个集中采购的部门，为多个业务部门集中统一采购物料，谋求批量采购方面的折扣优惠。通用汽车公司的做法大体如此，没有真正意义上的集中采购功能，更没有组织与管理，更多的是混乱、无序与失效。集中表现在总部集中采购和各事业部分头采购并存，而且需要采购的物料价值不一，品种各异，包括轮胎、钢材、文具、抹布、电池、量块、乙炔、研磨机，等等。

然而，要想建立集中采购的功能，谋求到其中的好处，组织与管理的难度非常大，统也不是，放也不是，所谓"一统就死，一放就乱"。最直接的难题就是，统一采购的责任究竟归谁，谁对统一采购造成的后果承担责任，是总部的采购部门，还是各个事业部。答案就是两者必须协同起来，共同承担责任，形成一个集中采购的体系，核心内涵就是跨部门的协同。究竟怎么做，谁也不知道。

应该指出，综合采购部作为公司的专业职能部门，如何与各个事业部协同起来，把集中采购的事情做好，这只是通用汽车公司管理上的一个麻烦，一件事情上的一个麻烦。还有更麻烦的事情，这就是公司的研究部门与各事业部的协同关系问题，凯特灵领导的研究部门的工程技术人员，与各事业部的工程技术人员也闹翻了。可以肯定，集中采购的协同问题解决不了，专业职能部门与各事业部的协同问题解决不了，今后还会产生麻烦，这是绕不过去的坎。也许是这个原因，通用汽车公司下决心在集中采购上走出一条路来，走出一条专业职能部门与各事业部之间展开协同的路来。

⟳

1922 年，作为运营副总裁的斯隆，接受了一项推动"集中采购"协同的任务。首先要弄清楚的是集中采购的利弊，以及构建集中采购功能体系上的障碍。他在一份预备备忘录中指出集中采购的几项利弊，有利的一面包括：

1.预计每年会给公司节省 500 万～1 000 万美元的开支。

2.更便于管控，特别是降低库存。

3.在紧急情况下，一个事业部可以从其他事业部那里获取物资。

4.公司的采购专员也可以利用市场价格的波动做文章。

不利的一面包括：

1. 公司各事业部的几乎所有产品都不同，而且都有很强的技术特征。

2. 总部在推动此事过程中，难免要和各事业部很多人的个性和观点打交道，每种个性和观点都打上了多年独立自主经营的某种烙印。

换言之，当自主经营的意识植入产品技术和经理人的头脑之中后，总部的集中采购政策会遭遇抵制。果然，当斯隆第一次建议成立一个采购部门来做协同工作时，争议颇多。事业部经理人给出的理由是，他们拥有长期的经验，而且需求是多种多样的。如果事业部的采购职责被剥夺的话，必然会影响轿车开发计划的实施。

于是，斯隆提出在公司采购部门之上，成立综合采购委员会。该委员会的大多数成员来自各事业部，每个事业部委派一名代表。终于这项提议获得了各事业部的支持。他们知道现在的组织与管理决策机制改变了，集中采购的相关责任方可以协同起来了。在这个委员会中他们有话语权，能参与采购政策和流程的决议，能确定方案的规范，能起草合约，并且委员会的决议具有最终效力。委员会中各事业部的代表有机会在公司整体利益和部门的个性需求之间进行平衡。集团公司的采购部门有权对委员会的决策进行管理，但无权决断。也就是说，委员会与公司采购部门之间是决策与执行关系。

就这样，综合采购委员会机制持续了大约十年，集中采购体系一直运转良好，也暴露出一些问题。这是正常的，企业的事情就是这样，老的问题解决了，会有新的问题产生。企业的组织与管理工作就是一个持续改进的过程，按照德鲁克的说法，管理就是一盘永远下不完的棋。

有关采购的现实情况，当时主要有如下几方面问题。

第一，事业部对于任何特定产品的需求量通常来说已经足够大，足以让供应商为其提供最低价格。

第二，管理问题。如果公司给所有的事业部提供了同一份供应商清单，有时会出现这样的情况：一家没有进入采购清单的供应商会找到某个事业部，给它提供更低的价格，甚至该供应商之前还参加了这次招投标。这就会引起混乱和不满。

第三，大量采购的部件和材料彼此之间没有共性，它们是特殊物品，只适用于某种特定的工艺。

因此，斯隆认为，综合采购委员会并非成功的典范，但它促使通用汽车朝着产品标准化的方向努力。这种努力以及对于标准化生产的描述非常重要。综合采购委员会真正持续成功的地方，在于实现了材料的标准化。换言之，通用汽车公司通过集中采购发现，大量采购的物料之间缺少共性，很多是特殊物品，在生产加工过程中需要特定或特殊的工艺，等等。显然这是不合理的，也是失效的方面，需要改进和改善。

标准化不仅可以提高集中采购的效率，更重要的是有利于整个通用汽车公司的长期发展。由此，通用汽车公司走上了零部件的标准化、通用化和系列化之路。这是一件了不起的大事，可以说，这是集中采购工作带来的最大的间接成果。

斯隆认为，综合采购委员会的实践，证明了各事业部之间的协同是行得通的，各事业部负责人的立场也能够统一，即在创造自身利润的同时，为整个公司的利益着想。

借用他本人的话说："综合采购委员会已经指明了路径，并且已经证明，各职能活动的负责人能够协作起来，在努力创造自身利润的同时，也为公司股东的利润贡献着想。这种协调规划的方式，从各方面来说都要远好于依赖中央职能向运营部门灌输计划的做法。"

1922年，基于综合采购委员会的成功经验，斯隆成立了机构广告委员会。几年后，又组建了综合技术委员会、总部销售委员会、顾问运营委员会，等等。

由此可见，企业的生存法则是简单的，那就是效率。而效率的来源是组织，是协同，是按公司的整体利益展开各个方面的协同。通用汽车公司在斯隆的领导下，形成了一套组织协同的方式方法，包括事业部制、委员会、公司政策、专家参谋机构，等等，展现出现代企业管理的特征，值得我们后人学习。

依靠委员会制打破部门墙

分工之后的一体化协同是个难题，是现代企业管理中的一个根本性的难题。解决这个难题唯一的有效方法，恐怕就是委员会制了。

泰勒和福特的方法，以及韦伯的"科层制"都已经过时了。按照德鲁克的说法，我们学会了对体力劳动者的管理，却没有学会对知识劳动者或脑力劳动者的管理。知识劳动者的主动性、创造性以及贡献意识是自我引导的。行政命令或"胡萝卜加大棒"的方式是不起作用的，只会适得其反。

分工之后就形成了部门之间的责权利边界，形成了部门墙，形成了以知识劳动者为主体的部门墙。如果不打破这种部门墙，那么各个部门就可能成为独立王国，针插不进、水泼不进的独立王国。

斯隆从实践中认识到，委员会制是可以打破部门墙，实现跨部门协同的，尤其是专业职能部门与经营业务部门之间的协同。

委员会制提供了一种很好的方式，可以消除具体事项在协同上的障碍。跨部门协同的事项往往周期很长，涉及的内容错综复杂，整个过程需要反反复复地沟通和协调，在达成共识之后的一致行动基础上逐渐推进。行政性的会议往往无法奏效，更无法调动各方的主动性、创造性和贡献意识。

在杜邦担任通用汽车公司总裁的时候，曾经发生铜冷发动机事件，不仅产品全部召回，损失惨重，而且部门之间分崩离析，特别是公司研发部门的工程师和汽车事业部的工程师彼此不和。为此，斯隆起草了一份建议书，认为以往采购委员会及广告委员会的实践经验表明，专业委员会不仅大幅提高了公司的利润，而且同时培育了公司共同的价值文化。因此，工程技术部门也应该建立一个综合技术委员会，来协调研发和生产之间关系。这份建议书在 1923 年 9 月获得了批准。

斯隆意识到，采购委员会和广告委员会更多的是节约成本，减少浪费，而综合技术委员会是要利用公司的整体优势，来创造更多的股东价值。

值得一提的是，很多企业也采用委员会制，比如质量管理委员会、技术革新委员会、品牌建设委员会，等等，但是并不能把握住委员会制发挥作用的要害，只是泛泛地强调委员会有权制定政策、安排任务并监督实施等。

这里的要害在于对各种委员会进行明确定位，讲清楚做什么，不做什么，做到什么程度是合适的，等等。一个时期一种委员会只能做一件事情，而且指向必须非常明确，重点是要打破部门间的隔阂，使每个人、每个团队、每个部门的能量转化出来，形成共同认可的公司政策和协同规范。

在综合技术委员会的定位上，斯隆做出了明确的规定，把公司总部与各事业部相同研发职能的人组织到一起，让他们自己决定需要进行哪些协作，需要哪些权力去处理相应的问题，并保证他们能够建设性地行使这些权力。斯隆指出，综合技术委员会的工作绝不是研究任何一个具体的工艺问题。涉及运营的具体研发工作，由各个事业部的总经理全权负责。

为了使综合技术委员会的定位更加清晰，斯隆进一步做出了如下规定。

第一，委员会处理的是所有事业部共同关心的问题，处理结果体现为形成某种公司的设计以及工程政策。

第二，由于专利委员会的人员很大程度上跟综合技术委员会的人员重合，因此由综合技术委员会来接手专利委员会的职能。此前的专利事务，也由综合技术委员会承接。

第三，综合技术委员会原则上不应插手各事业部的具体事务，各事业部运营上的研发事项由事业部总经理全权负责。

顺理成章，进一步明确了综合技术委员会的成员由各事业部的总设计师、研发工程师以及公司总部的相关人员组成，其中包括通用汽车公司的"创新之父"查尔斯·凯特灵，斯隆担任该委员会的主席。此外，综合技术委员会有自己的秘书长和预算，委员会的任何成员、研发机构及下属单位，都可以通过秘书长向委员会提交研发方面的意见和建议。

从综合技术委员会的定位上，我们就能看出，它的作用是打破部门封闭，开放性地研究公司的政策和规范，为公司的各项研究和开发工作设定路线，使公司的前沿性研发项目能够得到各个事业部的支持，同时也能带动各个事业部朝着整体利益最大化的方向发展。

尽管最初大家都不清楚综合技术委员会应该如何展开工作，但大家相信，只要推倒了部门墙，自然会产生积极的成果。

1923年9月14日，该委员会召开了第一次会议。这次会谈使通用汽车公司发生历史性的转变，所有人重燃斗志，重新投入到对汽车未来发展的讨论中。

委员会在初期很像一个论坛，通过报告和讨论来研究一些短期工程问题，比如，刹车、耗油率、润滑油等问题，背后涉及汽油和冶金两个主题，对于汽车性能的改进至关重要。

1924 年，斯隆要求综合技术委员会针对不同汽车制定出一套研发规范，使各事业部的汽车能够针对不同的细分市场保持差异性，保持产品在市场上的区隔，并使各产品的价格和成本仍然保持合理的关系。这就是后来通用汽车公司产品政策形成的基础。

1924 年 9 月 17 日，该委员会召开了主题为"变速器"的会议。凯特灵首先描述了不同类型变速器的优缺点，然后大家从工艺角度，针对惯性式变速器的实用性展开了长时间的讨论。紧接着，亨特从商务角度对不同类型的变速器发表了看法，他认为，交通压力的增加需要轿车具备实实在在的加速能力，此外，还必须能够及时刹车。最后，由斯隆进行总结，他明确了本次会议的目的，并指出惯性式变速器的成功概率最大，应该请凯特灵竭尽全力进行开发。他还告诫各事业部，必须把离合器和变速器的惯性与摩擦做到最小，这是所有事业部自己需要解决的问题。

通过这种方式，凯特灵负责的公司研发机构和各事业部的职责分离开来了。当然这种分离不是绝对的，各事业部也承担着一些基础性的长期研发项目，比如，雪佛兰事业部负责开发一款便宜的六缸轿车，专门提供给各个事业部选用。

可以说，综合技术委员会非常有效地提升了全公司对于产品吸引力和产品改良的兴趣，并且推动相关行动。综合技术委员会通过各种研讨活动，明确了产品的总体发展方向，强化了总部研发力量和各事业部研发力量之间的协同关系，既确立了总部的领导地位，保持了总体的整体统一性，又调动了各事业部的积极性和主动性。同时，各事业部工程师之间也形成了自由交流新观点、改进意见和经验的氛围。

斯隆在 1924 年 7 月写给凯特灵的信里描述了这些会议的氛围：

"很遗憾，你因身体欠佳不能参加上周在奥沙瓦举行的综合技术委员会会议，我们的会议很成功。这不仅体现在会议成果上，而且体现在与会者的情感交流上。大家一直待到周六，有些人甚至待到周日。有些人钓鱼，有些人则打高尔夫球，这有助于他们心往一处想，开展更紧密的合作。我不禁在想，公司如此巨大且错综复杂，委员会的方式很好地处理了彼此之间的协同难题，目前这一切进行得非常成功。我们必须要有耐心，我不认为那种带有更多命令色彩的方式能取得什么成果。我确信我们现在的方式更有效，随着时间的推移，我们将在现在这条路上走得更快更远。"

可以说，综合技术委员会的应用，创造了一个良好的专业交流环境，以及良好的合作氛围，并让所有人对汽车工艺的新发展和当前问题有了更全面的理解，也知道了其他部门所做的工作。这就为公司的政策及其规范的推出奠定了良好的基础，奠定了跨部门协同的良好基础。

在知识经济时代，在以知识劳动者为主体的企业中，打破部门墙、建立共享大脑是一件很难的事情。恐怕没有比委员会制以及公司政策引导的领导方式更好的管理方法。

努力弥补企业功能的缺失

　　每个企业都要建立健全职能部门及其功能体系，形成相应的价值创造能力。最基本的有"供产销"职能部门及其功能体系，供应部门还可以细分为采购、运输、储存和检验，等等。

　　当企业发生问题的时候，比如质量不稳定，成本控制不住，不能及时交货，等等，就应该想到可能缺失了重要的功能，需要弥补功能上的不足或者不全。

　　然而企业功能不全往往不是显而易见的，也不是轻而易举可以弥补的，需要逐渐使其清晰，逐步发育。为了发育缺失的功能，必须成立相应的职能部门。新的职能部门要发展起来，并融入价值创造体系当中，与相关部门形成无缝连接，需要时间，还要经历一个磨合的过程。毫无疑问，这是一个管理的难题，也是经理人员必须学会的本事。

　　通用汽车公司成立了综合技术委员会之后，推倒了公司研究部和各个事业部之间的部门墙，加强了整个公司工程技术人员之间的交流与合作，并取得了一个最重要的成果，即制定了公司的产品政策，明确了公司的产品发展路线及其规范。

　　至此，通用汽车公司的高层发现，不能有效地统合各个事业部的工程职能，是无法有效打通公司总部的研究职能与各个事业部工程职能之间关系的，进而意识到需要成立一个公司级的工程部，来保证汽车的工程质量，保证新概念汽车以及工程质量上的行业领先地位。1931 年成立的工程部是研究实验室和事业部工程职能之间的桥梁，主要从事新工程概念的设计与开发，并对它们的商业应用进行评估。

在1923年前后，公司发现各事业部的工程实物差别很大，工程质量也参差不齐，并且各事业部之间不仅缺乏信息交流，还缺少信息交流的手段与方式。为此，综合技术委员会把研究人员、事业部工程师和集团高层经理人组织到一起，定期交流和研讨工程技术方面的问题。

研讨的自然结果，聚焦在一个问题上，通用汽车公司应该建立一个标准化的测试场所，先弄清楚自己生产的汽车有没有问题，问题究竟发生在什么方面。

在此之前，轿车是在公路上进行测试的，因此不太容易判断测试车上的驾驶员是否曾在路边停过车、打过盹儿，然后为了挽回落下的里程，以超过测试要求的速度行驶。当时就发现了一个作弊事件，即一位汽车测试员为了达到发动机测试所要求的里程数，居然把测试车停在舞厅外面，用千斤顶举起空转。

1924年，通用汽车公司建立了测试场，设有不同类型的路况，比如，高速路段、不同的斜坡、平坦路段、崎岖路段以及涉水路段。这样就可以在受控条件下，证明通用汽车公司的轿车在批量生产前的合格性，而且还可以对竞争轿车进行全面测试。

这个测试场就建在了密歇根州的米尔福德，它的面积有1 125英亩[⊖]，后来扩展到4 010英亩。通用汽车公司的测试场在行业中是首创。

当时，斯隆每隔一周就会花上一天一宿的时间到测试场考察，仔细查看通用汽车公司和竞争对手轿车的工程技术，以及查看测试通用

　　⊖　1英亩 = 4 046.856m²。

汽车公司的未来产品时采取了哪些方法。可以说，测试场给通用汽车公司的经理人和技术专家提供了绝好的机会，让他们从工程角度了解汽车行业的动态。

后来，通用汽车公司又在亚利桑那州的梅萨修建了一个专用的沙漠测试场，在科罗拉多州的马尼图斯普林斯修建了一个山路测试场，并建造了服务于测试车辆的修理厂和车间。

在解决测试问题之后，还有一件事一直困扰着综合技术委员会，那就是公司级的前沿工程技术项目一直得不到事业部的重视，各事业部只关注自己手中的事项，比如年型车的推进和问题的解决，等等。

然而，综合技术委员会又没有自己的工程技术人员，于是就触发了成立工程部的想法，形成总部的工程职能，进而形成整个公司的工程技术职能体系。

直到 5 年之后的 1929 年，雪佛兰公司的亨特成为通用汽车公司主管工程的副总裁，接替斯隆成为综合技术委员会的主席，开始负责协调全公司前沿工程的开发任务，上述的想法才逐渐变成了现实。

在亨特的指导下，原来由各事业部负责的前沿工程划归为集团公司职能。然后他又推动创建了一种由工程师组成的，旨在解决重要问题的产品研究小组。这种小组尽管很多情况下在事业部办公，但接受的却是集团公司委派的任务，因此它们的支出由集团公司的预算来支持。

在1929年这一年，公司总部希望找到轿车发展的主要方向，因此，陆陆续续成立了三个负责前沿工程开发的产品研究小组，其中第一个研究小组负责开发独立前轮悬挂；第二个研究小组负责为轿车开发全自动液压自动变速器，为大型商用车开发相关部件；第三个研究小组负责对轿车发动机进行多项改进。

随着时间的推移，产品研究小组不再是从各事业部抽调出来的"特别工作组"，它变成了一个长期独立的组织，从事四个重要领域的持续研发和测试：动力开发、变速器开发、结构和悬挂开发，以及新式轿车的设计。最后，通用汽车公司把这些研究小组划归到了工程部，并把它们称为"开发小组"，它们后来成为工程部的核心。至此，通用汽车公司工程部的职能体系及其运行方式基本成形。

公司工程部必须密切关注事业部的工程进展，并把工程部的最佳想法传递给各个事业部。同时，各个事业部及其相关工程职能单元，也会把自己遇到的问题和新的想法传递给工程部，促进他们的研发。这种在工程技术职能上的体系化，可以确保工程技术的新概念最快被发现，并应用到生产之中。

从上述通用汽车公司发育工程部的过程可以看到，即便有综合技术委员会，也无法提高公司的工程技术质量，更无法保证公司在工程技术方面获得领先地位。综合技术委员会只能依靠开放的沟通平台，寻求解决问题的思路和路径。为了精准地把握住工程质量问题及其要害，通用汽车公司还花大代价建立了汽车测试场。之后又花了足够的时间和精力，发育出公司级的工程部。

建立任务及其责任的关系体系

德鲁克在代表作《管理：任务、责任与实践》[一]中曾提出，管理的主线是任务与责任。因此，企业必须自上而下分清楚任务与责任的关系，并通过实践经验的总结和提炼，逐渐形成适合企业自身发展的管理体系。

对于斯隆领导的通用汽车公司来讲，整个公司的运作是围绕着"政策"展开的，那么就必须明确谁承担制定政策的任务和责任，谁承担落实政策的任务和责任。从这里开始，制定政策者和落实政策者必须分离，不能既当裁判员又当运动员。由此，形成企业自上而下的任务与责任体系，这与很多人强调的"责权利"关系体系是不一样的。企业最重要的是做事情，明确做什么事情，谁来做事情并承担责任，这就是明确任务和责任。企业分工与组织的关系体系，说到底是任务和责任的关系体系。把任务和责任的关系捋顺了，继而管理实践在此基础上逐渐展开，那么企业的分工与组织关系体系就能确立。

斯隆认为，需要有一个代表企业整体意志的执行委员会来制定政策，并依靠企业政策来配置资源，以及明确各业务部门或各事业部相应的责任与运用资源的权力。他认为执行委员会的职责就是制定政策，而政策的执行以及资源配置方案的落实，是执行总裁与各事业部的事情。

也就是说，具体在运营业务中如何落实企业政策，不是执行委员会的事情。斯隆强调，政策的制定必须由"集体"承担，而政策的落

［一］　该书中文版由机械工业出版社出版，书名为《管理：使命、责任、实践》。

实必须由"个人"承担。换句话说，任何企业都无法依靠"个人"制定政策，也无法依靠"集体"落实政策。任何一项任务都必须经过"集体"讨论，才能形成可行的行动方案，进而必须通过"个人"全权负责，才能落到实处见到成果。

值得一提的是，现如今很多企业都使用"战略"的概念，很少使用"政策"的概念，同时也没有遵循上述原则，即实现战略任务的制定和战略任务的落实两者分离。战略任务的制定，必须由执行委员会或最高领导阶层负责，必须依靠高层集体的力量和智慧，包括战略任务的目标、结果要求、可能的偏差、成败的关键、资源配置和行动方案，等等。如果执行委员会或高层领导"集体"不能承担这项责任，明确战略任务的内涵，那么任何"个人"都承担不了落实战略任务的责任。

借用斯隆的话来说，执行委员会是个团队，能够制定政策，但是执行与推行政策，团队不行，必须要由个体来承担，必须要由公司总裁以及各个事业部的总经理作为个体对运营全权负责。总裁和事业部总经理"个人负责制"的要害，是他们负责运营的能力，以及承担责任的权威性。

⌒

斯隆为了强化集体制定政策的权威性和能力，于1922年，在执行委员会中增加了具有丰富运营经验的莫特先生（韦斯顿－莫特车轴公司创始人，后担任轿车事业集团负责人）、弗雷德·费希尔（费希博德车身公司创始人之一）先生。1924 年，斯隆担任执行委员会主席，他又增加了巴塞特先生（别克汽车负责人）、布朗先生（总部财务负责人）、普拉特先生（配件事业部负责人），以及来自费希博德车身公司的查尔斯·费希尔先生、劳伦斯·费希尔先生。执行委员会成员从过去的 4 个人，到 1924 年增加到了 10 个人。其中 7 位具有丰富的运营经验，2 位具有深厚的财务背景，再加上刚从总裁位置上退下来的杜邦先生。至此，执行委员会对企业的整体运营有了非常深刻的理解。

在此基础上，斯隆就每个重大任务设立专业委员会，比如集中采购委员会、综合技术委员会、经销商顾问委员会等，建立一个个充分沟通和协商的平台，围绕着公司政策让大家发表各自的意见和建议，确保各项政策及其"游戏规则"变得具体而切实可行。通过专业委员会制的运行，不断消除政策落实过程中的障碍，持续提高企业运营体系的效能。

另外，斯隆还逐渐配置与强化专家参谋顾问体系和专业职能体系，提高了企业领导阶层"集体制定政策"的能力，并通过政策引导的作用，提升了执行总裁及各个事业部"个人落实政策"的作用与效果。

对执行委员会而言，为了保证政策的有效落实，必须明确并把控一系列做事的原则，或称"游戏规则"，以规范各事业部的行为。

对各事业部而言，也需要有执行委员会来确定这些做事原则，有了这样上下一致、左右认同的"游戏规则"，就会减少很多麻烦和冲突，就能有效解决很多麻烦和冲突。

由于实际的运营者，是那些事业部，它们会担心来自上方的干预与干扰，以及来自左邻右舍的牵制与掣肘，因此，这些做事的原则或

"游戏规则"，应该由各事业部提出来，经由执行委员会审核确定。

按照斯隆的说法，各事业部提出来的"游戏规则"或原则，其背后的事情是一样的，只是各自的立场不一样，各自的视角不一样，因此必须由执行委员会做出统一的梳理和规定，使上上下下共同来遵守。如果整个公司是一个行政机构，一竿子插到底，对各事业部的具体业务直接调控，是无法确保整个企业的经营业务的活力与有效运营的。

具体来说，对各事业部拟定的产品规格或产品主要特征，执行委员会就不要干涉，不要再进行审批。除非某个事业部的产品进入了新的领域，或者可能损害现有盈利产品的市场地位，或者进入其他事业部产品的市场领域。在这种情况下执行委员会需要对此进行处理，明确相应的做事原则或"游戏规则"。

即便如此，执行委员会也只能站在政策的立场上，制定相应的"游戏规则"和做事原则。执行委员会的职责也只限于明确各事业部产品的质量标准，以及产品的价格定位，避免事业部之间出现业务及产品的过度重叠。

德鲁克说的是对的，管理是实践，所有的事情都没有办法事先规定好了再做，事情本身是会不断变化的，尤其是涉及人的事情，时时刻刻都在变，所谓"变是不变的原则"，事情的很多方面只要涉及细节，就必须在实践中由当事人找出解决问题的办法。在公司政策的实施过程中，企业的领导阶层只能按照任务和责任的关系，按照制定政策和落实责任的关系，事先做出原则性的规定，并牢牢把控事先确定的原则或"游戏规则"，对实践中的各项变化做出实时跟踪和判断，发现偏差，及时纠正。

斯隆强调，执行委员会不仅要制定相应的政策与规则，还要对各事业部进行讲解和传达，让它们完全理解。比如，产品质量应该达到与应保持的水平。再比如，要让各事业部知道，所有重大的设计改动都应提交执行委员会审批，但"机械性能"这类更为具体而专业的事项，不需要提交执行委员会审批，而是要交给运营体系中有资格的个人或者机构进行评判。

可以说，一项政策的落实或一项战略任务的落实，会在实践中遇到各种各样的问题，往往会超出企业领导阶层的想象，没有办法也没必要像诸葛亮那样事先做出安排。可能的办法就是，按照任务和责任的关系，按照"集体"制定政策和"个人"落实政策的关系，确定原则性的"游戏规则"。遇到问题或遇到麻烦再回到这个任务和责任的关系上来，进一步强调与强化这个原则性规定或"游戏规则"。也许只有这样，才能使经营体系的强化与经理人队伍的成长两者同步，才能使经理人队伍逐渐认识原则规定或"游戏规则"背后的任务和责任的关系，并自觉遵守这种关系。

这也许就是德鲁克强调"管理：任务、责任和实践"的原因。这里的关键是，要在任务和责任的主线上加强管理，进而在任务和责任的主线上展开管理的实践，并通过管理的三项任务，来检验管理实践是否走在正确的道路上。这三项管理任务就是：绩效最大化，价值再发现，以及培养后继的经理人队伍。

驱动董事会真正运作起来

很多企业的董事会并不能发挥实际作用，形同虚设，这已经是公开的秘密了。理论上说，董事会是经营与管理一个企业的最高权力机构，战略决策和投资决策是董事会最重要的两项职责。董事会的决策权并不落在个人头上，它依靠表决的方式集体做出决策。这样董事会的议事决策过程就有可能流于形式，而董事会的成员就有可能无所作为。如果董事会成员不了解实际情况，得不到真实的信息，事情更是这样。

斯隆认为，凡企业的重大事项必须由集体做出决策，必须依靠集体的智慧做出决策，必须依靠一群行家里手做出决策。董事会做出的重大决策，一定要有具体的实施计划和行动方案，这也是决策者的职责。这样才能从根本上避免董事会形同虚设，避免董事无所作为，才能确保董事会的议决事项切实可行，才能够落实到具体的责任者或执行者。因此，董事会必须要有具体的附属机构，帮助董事会做出有效的决策，并帮助董事会推行或落实议决事项。

通用汽车公司的董事会主要通过四个委员会发挥作用，每个委员会都由董事组成，代表董事会来拟定议决事项。这四个委员会分别是财务委员会、执行委员会、奖金和薪酬委员会，以及审计委员会。

其中，财务委员会大部分成员都是"外部"董事，是不参与管理的董事，他们包括像斯隆这种级别的前任高阶运营管理人员，还有一些除了在董事会任职之外，从未和通用汽车公司有过任何关联的人。而执行委员会的所有成员都是参与公司管理的董事。两个委员会都只处理政策问题，而非行政事务问题。两个委员会的行为都接受董事会的审查与指导，董事会对它们的行为有修订权。

财务委员会的核心职责就是管好公司的"钱包"。这个委员会拥有按照公司章程及其流程，决定公司财务政策与指导公司财务的权力，还负责公司所有拨款事务，并且负责审查进入新业务市场的决策，包括负责评估、批准执行委员会制定的价格政策和定价流程，判断公司的资金能否满足经营需求、公司的投资回报率是否令人满意，以及分红建议，等等。

执行委员会负责运营政策的采纳，包括是否采纳各政策组有关政策的建议。资金支出的拨款申请也需要在这个委员会的监督下准备，然后才能提交给财务委员会审批。在实际操作中，财务委员会授权执行委员会可以自主批准 100 万美元额度以内的资金支出。

通用汽车公司董事会全体成员通常每月定期进行一次会面。董事会不时会从成员中选举能在上述委员会中任职的人选，他们也会挑选出业务经营的适当人选，他们还根据法律和常规处理需要董事会决策的事情。

❧

通用汽车公司的董事会还有一项在斯隆看来，称得上非常独特的功能，对公司具有重要的意义，就是审计。这个审计和通常财务意义上的审计不同，它是对企业中发生的事情进行持续的评估和评价。

当然，通用汽车公司的每个机构都很大，而且技术性非常强，因此很难要求董事会的每位成员对提请高层决策的每个问题都有着丰富的技术和业务经验，而且外部董事也很难有足够的时间来仔细考虑每项事务以做出决定。董事会面临的问题太多、太分散、太复杂。尽管董事会可能没法处理这些技术性的操作问题，但是它可以而且应该对最终结果负责。

通用汽车公司董事会在处理这类问题时，会通过预估业务目标的方式在事前对其进行决策，并在事后通过对报告和数据资料的分析来进行评价，使公司对何时采取何种适当的措施做好充分准备。

为了达成这个目标，通用汽车公司董事会要努力做到对通用汽车公司及其业务运营情况了如指掌。为此，董事会每月都会收到来自执行委员会和财务委员会的报告，并且还会定期收到其他委员会的工作汇报。董事会据此为通用汽车公司建立了完整的信息数据系统，以检查公司的竞争地位、财务状况、统计状况、竞争形势以及对近期的预测情况。报告中的各种解释性评论和对整体业务情况的总结，有助于董事会完成这一使命。

另外，运营管理人员还会在不同场合就公司业务状况向董事会进行口头汇报，同样各职能部门副总裁和高阶执行人员也会就他们的职责范围向董事会做正式汇报。董事会就针对这些报告提出问题、寻求解释。通用汽车公司董事会所采取的这种审计方式，对整个公司及全体股东来说都具有巨大的价值。

斯隆曾经感慨道："我想不出来还有哪个董事会能像通用汽车公司的董事会一样，对公司的情况了然于胸，从而可以根据事实和环境的不断变化，采取明智的行动。"

通用汽车公司的实践表明，一个公司的董事会是可以发挥作用的，董事会的成员也是可以有所作为的，关键在于制度性的安排，让董事会回到最高权力机构的位置上，通过集体决策，形成议决事项以及与之相对应的实施计划和行动方案。进而，与"集体决策"相对应的是"个人负责"，由总裁以及下属的各事业部总经理全权负责落实和推进，承担不可推卸的完全责任。反过来，这也迫使董事会的议决事项及其实施计划和行动方案，必须做到切实可行。

持续提升生产制造的能力

生产制造活动领域，是一个企业强有力的竞争武器。要想提高一个企业争夺市场的能力，就必须持续地提高生产制造的能力。当年亨利·福特就非常明白这件事情，在开发出 T 型汽车之后并没有停下来，经过几年的努力，开发出了生产流水线，从而稳定了产品的质量，提高了生产的效率，降低了生产的成本。

按照这个逻辑，通用汽车公司的整个制造工作可以分为两个领域，第一个以产品为中心，第二个则以产品制造过程为中心。

以产品为中心的活动领域，就是产品的研究和开发领域，简称 R&D。以产品制造过程为中心的活动领域，就是生产工艺路线的研究和开发领域。产品研究和开发领域的核心部门就是产品研发部门，这是一个专业职能部门。同样，生产工艺路线研究和开发领域的核心部门，就是生产工艺部门，也是一个专业职能部门。

生产工艺部门的工作具有专业的研究和开发性质，主要解决生产制造工艺过程中的一系列关键性的难题。这些难题的解决方法在经过验算以及实验或模拟验证之后，就以改进的生产加工工具、设备和方法等形式，融入常规制造流程。

生产工艺部门涉及的研究和开发领域非常广泛，几乎涵盖了生产制造过程的各个方面，即从原材料进入工厂到成品出库的整个过程，包括机器和工具的设计、生产线的布局、原材料处理、工厂维护、设备维护、工作标准与方法研究、材料利用，以及制作过程的研发和设备的研制、最终装配和产品检验。总体目标是改善产品品质、提高生产效率和降低制造成本。

通用汽车公司原来这些专业职能的工作，都是分散在各个事业部进行的，各个事业部的生产制造部门自行解决生产工艺问题。

1945 年，公司的高管孔克尔提出要改变这种状况，他认为生产活动领域也需要有一个专业职能部门，像产品研究与开发那样，对生产工艺路线的全过程进行研究和开发。汽车的生产制造正在迅速变成一个越来越棘手的过程，这个过程需要持续研究与开发新材料、新机器和新方法，需要不断听取专家的意见与建议，需要更多的专家参与其中。因此，需要在公司的层面上成立一个专业的职能部门，来承担研究和开发生产工艺路线的责任。从道理上说，由这样一个公司级的专业职能部门承担这项职能，一定会比各事业部分散承担的效果更好。

从此以后，通用汽车公司就有了生产工艺流程研究和开发的专业职能部门，称"生产工艺流程部门"，这个部门的技术工作主要集中在生产流程工艺方面。

当生产工艺流程部门提升到公司层面之后，工艺流程的开发和研究就不再是一个纯技术的问题了，而是一个"技术＋经济"的问题了，比如有关自动化的问题，就需要加上很多因素来进行综合考虑与权衡。

～

对通用汽车公司与生产工艺部门而言，必须思考自动化应该达到什么程度的问题。然而，这又是一个非常难以回答的问题，不得不由公司的最高决策层来决定。

在自动化领域，通用汽车公司和其生产工艺部门比其他制造商表现得更为谨慎。坊间曾有一种非常普遍的看法，认为"自动化就一定好"，但是经验告诉通用汽车公司，这并不适用于所有的情况。

1958 年，当时负责流程开发的罗伯特·克里奇菲尔德在通用汽车公司召开工程及科学教育者大会前，发表了一份报告，阐述了对这个问题的观点："近年来，我们都听到了很多关于自动化的讨论。在我看来，多数讨论只会让太多的人更加混淆这个词的真实含义，包括部分工程师从业者。正如你们所知道的那样，自动化并不是什么新事物，它仅仅是一个相对较新的词汇，它描述的是制造业中已经运行了半个多世纪的流程，而这种流程甚至可以追溯到伊莱·惠特尼成功为美国大陆军大量生产步枪的年代。

我记得，通用汽车公司 35 年前就已经拥有了一些自动化生产线和其他自动化生产设备，这些都远远早于'自动化'这个词的出现。我们的误解似乎来源于这样一个观点——要想对涉及高度重复性人工操作的部件或产品实现量产，自动化是最佳的解决方案。但事实远非如此。是否对生产流程或操作实行自动化或机械化，绝不只是看它有多少重复性操作，还取决于很多经济因素，诸如提高资本的投资回报率等，当然生产出来的产品必须符合规格和质量要求。合理的方案应该是最有效地使用人力和机械要素，即便流程或操作实现了机械化，人工操作也未必会完全消失。"

从中我们可以看到，因为通用汽车公司有了公司级的生产工艺部门，有了对生产工艺流程进行研究和开发的专业职能部门，使公司上下对生产制造领域有了更加深刻的理解和追求。诚如罗伯特·克里奇菲尔德所说："在整体的自动化工厂成为一种非常有趣的可能性的同时，在降低生产成本、建造更好的机器、改善工厂布局和设计更好的工厂这些方面，形成了许多实际工作要做的事情。而所有这些，正是生产工艺专业职能部门做出的主要贡献。"

　　工业化的本质就是以机器代替人力，就是以机器生产机器。在这方面，中国的企业还有很多事情要做，还有很长的路要走。随着产品不断更新换代，事情更是这样，生产工艺流程需要持续进步。中国是一个制造大国，中国制造企业迫切需要解决的一个问题，就是成立公司级的专业职能部门，一个生产工艺流程的研发部门，提高对生产活动领域的理解和追求，使企业的生产活动领域优势成为争夺市场强有力的竞争武器。

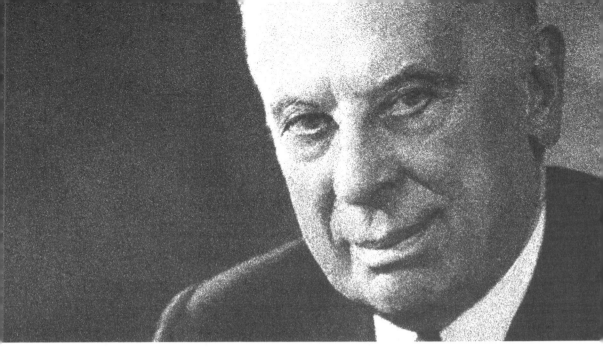

CHAPTER 3
第 3 章

财务管控是经理人
的必修课

企业治理从财务管控入手

现在，"企业治理"的概念很流行，强调企业治理结构的建设，建立健全股东大会、董事会、监事会以及各项规章制度。然而，最终起决定作用的还是人，尤其是企业领导人，他们要是不作为，甚至弄虚作假、违规操作，必将致企业于万劫不复之中。所以，赫伯特·西蒙强调，企业的领导阶层必须是一个道义集团，而不是一个利益集团。

正确的领导应该做正确的事情，从财务管控入手，在"见利见效"的地方下功夫，逐渐建立监管系统及规章制度，逐渐使企业呈现出清晰的治理结构。

尽管管理学上有这种说法——"重要的事情不紧急，紧急的事情不重要"，但是企业的领导人往往没有时间和精力从容不迫地去描绘治理结构蓝图。他们每天想的事情，就是如何使企业活下来，无暇顾及"重要而不紧急"的事情。聪明的做法，就如德鲁克所说："使现实的事情做得具有未来意义。"对斯隆来说，企业治理就是从财务管控入手，在"见利见效"的环节上下功夫，开源节流，量入为出。

1921 年，他正式担任通用汽车公司副总裁，进入公司的执行委员会，两年后出任总裁。当时公司处在极其困难的境地，急需全面治理与整顿。可以说，斯隆是受命于危难之中，他的使命就是让企业活下来，转危为安。

在这之前，1918～1920 年，通用汽车公司进行了大规模的扩张，包括收购并组建了加拿大通用汽车有限公司、通用汽车金融服务公司、通用零部件有限公司（即联合汽车公司），并对新公司进行了巨大投入，包括在厂房、设备与库存物品上的投入。与此相对应，汽车市场需求却很疲软，收入在大幅度减少，公司处在入不敷出的状态。

加上公司总部对各事业部的拨款没有节制，各事业部之间又缺乏有效协同，市场表现平平，造成整个公司现金流短缺。这又反过来使各事业部的生产经营业务更加疲软，危机的严重程度超乎想象。

斯隆及执行委员会直面的难题是，拨款超支、库存失控，以及由此引发的现金短缺。为此，斯隆在随后的几年中，采取了四项财务协同和管控策略：资本拨备管控、现金管控、库存管控、生产管控。

第一，资本拨备管控。

1920年6月，斯隆担任主席的"拨款提案规则委员会"，向执行委员会提交了一份具有历史性转折意义的报告，主张所有投资项目都需要报备提案，经审核通过之后才能拨款。拨款提案规则委员会的评估标准是明确的：

1. 项目符合商业逻辑或者有必要吗？

2. 项目技术成熟吗？

3. 符合公司的整体利益吗？

4. 项目的相对价值如何？包括项目本身的投资回报率，对公司整体运营的价值，与其他项目的比较优势，等等。

另外，斯隆在财务委员会和执行委员会之下，还专门设立了一个"拨款委员会"，拨款委员会对所有拨款项目进行再一次的评估与审核，提交执行委员会或财务委员会批准，两大委员会最终要确认的是，该项目对于公司的整体发展是否不可或缺。

这是一套严格的审批程序，所有重大和重要的花钱项目，都必须经过这个程序的严格认证。公司总部有明确的《拨款手册》，指明哪些花钱较多的项目必须经过严格的审批程序。对于手册规定之外的项目，各事业部可以便宜行事。

总部还会对拨款项目进行追踪检查，要求各事业部向拨款委员会提交月度报告，经拨款委员会整理，递交财务委员会审核。发现问题及时纠偏或终止拨款。

第二，现金管控。

1920 年，通用汽车公司现金管理的状况是，每个事业部管控自己的现金，所有收益都流到事业部自己的账上，所有费用也从该账户向外支付。

对于如何把现金从有结余的事业部调拨到有需求的地方，集团总部还没有建立有效的程序。同时集团总部作为运营实体，还必须支付红利和税收，以及诸如房租、薪资和总部人事的其他费用。

1922 年，斯隆主持建立了一套统一的现金管控系统，从而彻底改变了这种局面。具体举措是，公司总部在美国约 100 家银行建立储蓄账户，所有收入都汇入这些账户，并记在通用汽车公司名下；所有的取款交由集团总部财务部门来管理，各事业部无权对这些账户的现金进行转移。

公司总部的财务部门会给各地的储蓄账户设置最低限额和最高限额，银行间的资金转移能够迅速自动完成。有现金需求的事业部，可以向公司总部提出申请。通常在 2 ～ 3 个小时之内，资金就可以通过银行电汇，从一个城市转移到另一个城市，快速帮助那些有需求的事业部。

这套新的现金管控系统，还扩大了公司在信贷供应方面的界面。通过与多家银行建立起良好的工作关系，通用汽车公司获得了更宽松的信贷政策，足以从容应对市场需求增加的状况。

第三，库存管控。

1920 年，库存问题排在需要解决的各项应急事务中的第一位。由于各事业部总经理对原材料和半成品的采购缺乏控制，到了 1920 年 10 月，整个公司这两项生产物料的总成本达到了 2.09 亿美元，超出最高限额 5 900 万美元，并远超各工厂当期用量的总和。

斯隆提议，财务委员会应该采取临时应急措施，从各个事业部那里接管库存，统一管理，于是在 1920 年 10 月 8 日成立了由普拉特任主席的"库存委员会"。

库存委员会即刻发出一封总裁的亲笔信，告诉各事业部的总经理立刻停止采购，所有已采购的物料也要停止发货。然后要求各事业部总经理向库存委员会提交月度预算报告，内容包括未来四个月预计的销售额，以及预计的生产物料和薪资总额。

库存委员会审核后，和各事业部总经理讨论，双方达成一致意见，由库存委员会按月控制生产物料的放行。

经过一段时间的运行，失控的库存得以控制和减少。1921 年 5 月，财务委员会决定放弃这项应急措施，取消库存委员会，并制定出一套库存政策，把库存管控以及相关的一些运营问题交由运营副总裁来负责，使库存管理的职责重新回到了经营业务的主线上，回到了各个事业部。

第四，生产管控。

在 1920 年的危机期间，管控生产也成为一个亟待解决的严重问题。

为此，斯隆要求各事业部总经理定期提供工厂实际的产销量滚动报告，包括未来四个月的预计销售额、产量和收益，以及厂房投资、运营资金和未清账的库存状况。滚动报告每 10 天提交一次。

1924 年，这个滚动报告体系延伸到了经销商，要求经销商向各事业部报告卖给消费者的轿车和卡车数量、卖给消费者的二手车数量，以及新车与二手车的库存数量，也是每 10 天报告一次。这些报告能帮助事业部和总部及时了解市场状况，更精准地做出新的销售预测，进而采取更有效的举措，确保各事业部在产销上的衔接，并大大提高经销商的库存资金周转率与利润率。

每个经理人必须掌握的能力，是财务上的管控能力。财务反映的是企业的经营状态，控制财务资源就是要控制企业的经营状态。从财务资源失效事项入手，来改善与调控经营中的各个相关环节，不仅可以改善企业的财务资源，更重要的是还可以改善整个企业的经营状态。

借用斯隆的话说，通用最终能够打败福特，有赖于集中政策下的分权自治经营体系，以及相应的财务管控能力。

产销协同依靠销售预测

生产部门和销售部门两者很难协同起来，产销矛盾反映的是供求矛盾。企业外部的供求矛盾，通常表现为企业内部产销两个部门的矛盾和冲突。产销两个部门必须协同起来，"产销协同"的基础只能是"销售预测"，也就是说，生产部门说了不算，销售部门说了也不算，市场需求说了算。两大部门都必须响应市场需求，按照市场需求协同起来。

通常情况下生产部门必须按照生产计划做事，销售部门也必须按照销售计划做事。然而，生产计划和销售计划都必须建立在销售预测的基础上。如果两个部门各干各的，不能按照销售预测协同起来，必然的结果就是，生产出来的东西卖不出去，能卖出去的东西生产不出来。由此导致产销两个部门产生矛盾和冲突，形成库存的积压，包括成品库的积压和零配件的积压，等等。

在 1920 年前后，由于汽车生产企业的柔性是有限的，采用的是备货式的生产方式，因此必须基于对市场需求的预测安排生产，或者说，解决产销协同难题的关键就是销售预测。

那个时候，汽车生产企业必须提前半年为春季销售备好库存。加上通用汽车公司实行的是"年年换代"的政策，每年都要推出新的"年型车"，准确的销售预测就变得更加重要了，而且时间上也变得更加紧迫了，必须在六、七月弄清楚现有车型能卖出多少，确保在新车型推出之前卖干净旧车型。

从 1921 年开始，斯隆要求各事业部总经理提供工厂实际的产销量报告，每10天为一个周期，各事业部总经理分别在每月的第10天、第20天和最后一天提交。此外，斯隆还要求他们在每月底汇报，还有多少待完工的轿车订单，厂里的成品轿车数量是多少，以及经销商手里预计还有多少辆轿车。

在这个过程中，斯隆意识到零售端、事业部与总部之间存在严重的信息误差。总部知道事业部卖给经销商多少辆轿车和卡车，但并不清楚这些车辆卖给消费者的情况，不清楚这些车辆是已经卖给了消费者，还是积压在零售终端，积压在零售门店。

尽管事业部总经理给斯隆的月度报告中有经销商的车辆库存数据，但并不是由经销商直接提供的当期数据，这些原始数据不仅质量差，而且还滞后数周。在此基础上形成的销售预测质量很差，导致生产和销售完全脱节，引发了1924年的库存危机。

1924年3月14日，斯隆向财务委员会和执行委员会提交了一份报告，指出当时公司乃至整个行业积压在经销商、分销商和分支机构的轿车，比以往任何时候都要多。概言之，产量增加了50%，而卖给消费者的车辆却下降了4%。

斯隆要求雪佛兰和奥克兰立即大幅减产，事业部总经理们勉强地接受了。

———

斯隆担心，如果库存积压到7月1日，就可能引发一场危机。此时，来自财务副总裁布朗的数据也显示运营情况不乐观。1924年5月，斯隆和布朗出差对分销商进行了实地走访，并亲自清点库存。这次出差让斯隆明确意识到，3月的减产力度是不够的，7月的生产过剩已经不是一种可能，而是既成事实，每个地方的库存都过剩了。

斯隆立即命令所有的事业部总经理削减生产计划，整个公司每月总产量削减30 000辆。这是他在担任通用汽车公司首席执行官期间，为数不多的一次直接给事业部总经理发号施令。

即便这样，由于在生产过剩的问题上没能做到有效预防，1924年6月13日，财务委员会对斯隆进行了问责。财务委员会要求斯隆解释，生产计划是如何制订的，谁对经销商春夏季的库存积压问题负责，以及应该采取怎样的行动方案以避免类似事件再发生。

1924年9月29日，斯隆在回复财务委员会的报告中，严厉批评了一些事业部，特别是雪佛兰和奥克兰。斯隆指出，所有事业部中只有凯迪拉克的生产计划是在对最终消费者销量预估的基础上制订的，其他事业部制订的生产计划五花八门，并认为只要把产品交付给经销商或分销商，就万事大吉了，除此之外的事情跟通用汽车公司无关。他在报告中反思道：

第一，在1924年7月1日前后，生产计划的制订方式有很多，主要想的是在公司把产品卖给经销商或分销商以后，销售任务就完成了，后面的事情无须理会。只要我们能迫使经销商和分销商进货就万事大吉了。

第二，我们从来都没有对市场的基本面进行认真研究。过去两年里，像消费终端的汽车销量这样真实可靠的数据，在准备生产计划时从来没有被作为基本数据加以挖掘和利用。

　　第三，我们的生产计划制订方法不当，无根本性原则可言。而这种现象不限于通用汽车公司的各事业部，整个行业的状况大体如此。

　　1924 年的库存事件，彻底改变了通用汽车公司管控生产计划的程序。这段经历意义深远，它标志着通用汽车公司从此能够合理有效地进行生产管控了，尤其是通用汽车公司的两类人懂得如何就工作职责达成一致，其中一类人是销售经理，他们天生热情开朗，并且相信通过自己的努力，能够对销售总额产生影响；另一类人是数据统计人员，他们基于整体需求信息，给出客观的分析。

　　消除这两类人之间的分歧之后，需要进一步解决的问题是，如何对生产进行有效管控。这涉及两件事情，一是提高预测的能力与水平，二是当预测错误的时候，如何缩短反应时间。预测错误是有可能发生的，即便今天采用复杂的数学预测方法也难以避免。

　　通用汽车公司首先通过对"车型年"的销售预测，来对各事业部的生产进行约束。但由于市场的实际变化很可能与这种预测不符，因此还需要有修正手段，或调低或调高。核心就是预测和修正，两者同样重要。

　　生产计划制订、模具费用预算以及其他与实际生产有关的准备工作，都取决于对新车型的预测，而这项工作要在新车型推出前的几个月就做好。

　　在新车型开始销售后，销量预测（或称目标销量）还需要经常修正，并对未来 6 ～ 8 个月的销售起到引导作用。再之后是车型年的结束期，必须制订出一个不可更改的最终生产计划，包括模具与物料需要提前设置好，不可更改。

可以肯定，所有预测、修正以及调控机制，都取决于信息获取的准确性和及时性。这是通用汽车公司在 1923 ～ 1924 年收获的经验教训。

斯隆在 1924 年春季决定，在公司层面上对消费需求进行官方预测。具言之，分别预估出每个价位全行业明年的轿车总销量，并把这些预估与事业部总经理的预测关联起来，同时研判在每个价位里，通用汽车公司可能取得的合理市场份额。再结合过去三年的实际销售经验，以及公司对明年整体商业前景的评估，确定每个价位的年度销量。这个销量被定义为"目标销量"，也被视为 12 个月的销量指南。这是公司对事业部进行生产管控迈出的最关键的第一步。

在目标销量得到运营委员会批准后，斯隆给事业部总经理发函，要求他们基于目标销量再进行一次预测。为了更及时全面地了解市场情况，公司在 1924 年和 1925 年制定了一套统计报表系统，由经销商统计数据，每隔 10 天发给事业部。报表中的核心信息是，10 天期间经销商卖给消费者的轿车和卡车数量，卖给消费者的二手车数量，以及新车与二手车的库存。有了这些每隔 10 天更新一次的信息，事业部和总部人员也就可以采取修正措施，更精准地做出新的销售预测了。为了进一步提高销售预测的质量，除了经销商提供的 10 天统计报告以外，公司还从第三方公司引入了零售的相关独立数据，比如新车注册的常规报告。

有了这样一整套程序作为基础，公司的生产和规划就变得更严格。运营部门和总部管理层在生产计划中各自承担什么职责也定义得很清晰。一旦某事业部的年度生产总量的计划定下来，事业部总经理接下来的问题就是如何把全年的生产计划分配好，以确保产量尽可能保持平稳，同时又能应对销量的季节性变化。

做到这一点并不容易，从方便经销商和最大程度减少成品库存的角度来说，工厂应该调整产出，以适应季节性的市场需求。这种做法能够帮助经销商和工厂降低产品过时的风险，并降低成品的存储成本。此外，站在厂房设备和劳动力的有效利用以及员工福利的角度，必须努力维持均衡生产，或者尽量接近这种状态。节约式经销和节约式制造这两种理念是彼此对立的，需要进行规划和判断，在两者之间找到合理的平衡点。

∽

总部人员通过对年销售量进行季节性分析，来协助事业部总经理解决产销平衡的问题，他们计算出各事业部日常最低运营库存的绝对值，以及每四个月预测结束时的最大季节性需求量，同时计算出这两个值的差距。

每隔 10 天，当经销商的报告提交上来后，每位事业部总经理会将实际结果与当月的预测进行比较，进而对生产和采购计划进行评估，这是整件事情的核心。如果实际销售低于预测，就要减产，如果销售行情看好，事业部总经理可以在工厂产能的权限之内提高产量。

每个月会对未来四个月的预估进行调整，以反映当前的销售趋势。这样一来，不是提前四个月就定好一套雷打不动的生产计划，置实际的消费趋势于不顾，而是用销售结果来提醒管理层，该应变的时候就必须调整生产计划。这样就能让生产与零售需求的信号保持一致，同时又能确保事业部和经销商手中的成品库存不少于最低限额。

说到底，最重要的事情并非车型年的目标销量准确与否，而是能否通过及时的报告和调整，对实际市场的变化保持敏感。而信息的客观性和系统使用起到了协同总部职能和事业部的作用。

新的预测和规划方法对运营产生了明显的效果，物料库存控制在了最低水平。1921年，包括物料、在制品和成品在内的总库存周转率约为2次。到了1922年，周转率增加到了4次，而到了1926年接近7.5次。生产计划与成品的终端销售形成了更紧密的衔接，提高了经销商的库存周转率和利润状况。1925年，通用汽车公司全美经销商的新车库存周转率是12次（即每月1次）。

1925年，通用汽车公司基于销售预估的生产管控系统基本建成，此后的问题就是如何精进了。

产销矛盾是企业永恒的主题，背后是供求矛盾。即便在数字化的今天，供求矛盾也是永恒的，市场的需求与对手的竞争都是不确定的因素，企业必须发展出一套方法，使产销协同起来，以有效处理供求之间的矛盾。斯隆的实践经验及其思维方式，至今依然有效，值得我们认真学习和汲取。

神奇的杜邦公式调控经营

杜邦公式是由杜邦公司的财务人员法兰克·唐纳森·布朗在 1912 年发明的，1921 年初，他随杜邦公司加入通用汽车公司，在杜邦公式的基础上设计了一套财务管控的方法。斯隆依据这套方法展开了实践，成功地解决了事业部制条件下的财务管控方式问题。

杜邦公式揭示了三个财务概念之间的内在关系，即：

$$净利润率 = 总资产收益率 \div 资产周转率$$

其中：

$$净利润率 = 净利润 \div 营业收入$$

$$总资产收益率 = 净利润 \div 总资产$$

$$资产周转率 = 营业收入 \div 总资产$$

杜邦公式中最重要的概念是"资产周转率"，这与"营业收入"概念挂起钩来了，也就是说资产周转率越高，营业收入就越多，资产的利用效率就越高。而营业收入的概念又跟产量、成本与价格挂钩，由此就可以对经营业务进行深入的分析和评估，进而可以有针对性地进行改善。

1921 年，斯隆担任通用汽车公司副总裁，主要负责运营业务，他从财务入手处理公司拨款超支、库存失控与现金短缺的难题，经过几年的努力，不仅改善了财务状况，还改善了企业的经营状况。

在这个过程中，斯隆更加坚信，财务管控是事业部制条件下最终也是必要的关键手段。如果公司的执行委员会有办法对各事业部运营的效果进行有效评估和判断，那么就可以放心地把各事业部运营的执行权力交给具体的负责人。

斯隆认为，财务控制手段的基本要素是：成本、价格、产量和投资回报率。

自1917年以来，通用汽车公司的财务委员会一直坚持"合理的投资回报率"原则。这是企业发展的最基本原则，也是美国一些企业始终坚持的原则。

布朗把投资回报率定义为与净利润率和投资周转率相关的一组函数，即：

$$投资回报率 = 利润率 \times 投资周转率$$

在这里，布朗把杜邦公式做了改变：

$$总资产收益率 = 净利润率 \times 资产周转率$$

这样就可以对各个事业部的投资回报率以及经营实况进行分析和评估了。

布朗把净利润率和资产周转率这两个要素都进行了拆分，拆分成：

$$净利润率 = 净利润 \div 营业收入$$

$$资产周转率 = 营业收入 \div 总资产$$

这样就可以深入分析各事业部的运营状态以及损益结构。

这里关键是要对历史的经验数据进行统计分析，确定总资产的构成基准，明确各事业部的固定资产和流动资金，明确在正常年份各个事业部应该占有的固定资产是多少，流动资金是多少。

然后再根据历史的经验数据，明确各事业部的各项费用开支，主要是各项生产活动的费用开支和商务活动的费用开支，再结合未来的发展规划进行适当的调整，最后明确各事业部固定资产和流动资金的基准。由此制定出来的标准，再拿来和实际的运营情况进行比较。可以说，财务管控的原则与方法，就是进行这样的分析与比较。

———

公司总部将各事业部额定的固定资产、流动资金和成本费用标准，与实际运营的结果进行比较，就可以看出每个事业部的投资回报率，以及与之相对应的损益情况，包括营业收入的情况和费用开支的情况。如果营业收入低，那么总资产的周转率就低；如果费用开支高于额定的基准，那么总资产每次周转所带来的净利润就少。这就需要进一步分析，究竟是市场竞争因素引起的还是事业部能力因素引起的。市场竞争因素主要是销售价格，这是由市场决定的。还有原材料的价格以及人工费用等的波动，这些都需要通过具体的对策来解决。

市场竞争往往是不可控的，会迫使企业接受低于预期的投资回报，甚至会使企业出现暂时的阶段性亏损。另外，当经济出现通货膨胀时，实际的投资回报率会更低，或者说，表面上的投资回报率会掩盖实际上的利润损失。

至于如何提高利润率，提高营业收入，布朗引入一套财务管控的方法，针对企业的不同阶段，提炼出了与管理效率相关的举措，比如库存管控、基于生产需求预估的投资规划、成本控制，等等。可以说，布朗发展了投资回报的概念，它既可以用来考核各事业部的运营成效，也可以用来评估一般性的投资决策，迄今仍是通用汽车公司对各事业部进行绩效评估的手段之一。

斯隆认为，没有什么能够比投资回报率更好地帮助通用汽车公司做出客观的商业判断，其他衡量企业经营绩效的办法，比如销售利润、市场份额，都无法替代投资回报率。

布朗的杜邦公式内涵是，通用汽车公司的经济目标不是取得尽可能高的投资回报率，而是与可实现的市场销量相匹配的最高投资回报率。这个理念很重要，与后面要提到的产量、成本和价格的概念相关。产量过高，超过了事业部的能力与市场的接纳程度，会影响成本和价格，而且很难维持产量、成本和价格之间的长期平衡，最后很难确定各事业部长期的投资回报率。

有了长期的投资回报率，就可以对各事业部进行管控，总部可以要求每位事业部经理提供运营成果的月度报告，总部财务部门将报告中的数据输入标准化的表格中，进行统计、分析和评估，建立对各事业部投资回报率的考核标准。每位事业部经理都会收到这份表格，表格里面阐明了他所在事业部的实际情况，使各事业部都知道自己在整个公司中投资回报率的排名情况。

通用汽车公司高管层常常会对事业部的投资回报率报告进行研究，研究如何提高与销售相关的资金周转率或利润率，以便最终提高投资回报率。如果报告结果不令人满意，斯隆或者其他的高管就会和事业部经理谈话，商讨要采取哪些修正措施。

斯隆担任首席运营官时期，在拜访事业部时都会带着一个小黑本，里面系统地记录了各事业部的历史数据和预测信息，其中还包括各事业部的竞争情况。这些数据并不能对问题自动作答，它们只是让事实得以呈现，可以帮助斯隆根据事业部先前的运营或预算计划，来判断目前的情况是否与预期一致。

通用汽车公司由此开启了对运营人员的培养，帮助他们认识到投资回报率作为绩效标准的意义和重要性，以及懂得如何为管理者提供有效决策的量化依据。

◦

依靠布朗的杜邦公式对各个事业部进行管控，不只是了解它们的运营状况以及损益结构，更重要的是引导它们在各自能力范围内，为公司的长期投资回报率做贡献，并依靠一套财务管控方法提高管理能力，提高利润率和营业收入。

1925 年初，斯隆采纳了布朗提出的概念，即把一个明确的长期投资回报目标与多年期的平均产量或"标准产量"预估联系起来。"标准产量"可以定义为，按照正常或者平均年度产能利用率计算的预期产量。

标准产量的计算方法中包含了这些元素：产量、成本、价格和投资回报率。在给定的产量、成本和价格基础上，可以计算出预期投资回报率。如果预期投资回报率没有达成，则可能是由于竞争导致了价格产生偏差，或者某些成本超出了预期，这意味着企业需要关注成本。

标准产量的概念可以让通用汽车公司基于多年期的平均产量，审视公司及各事业部的长期绩效和发展潜力。

布朗认为，衡量企业经营绩效根本性的思考在于长期的平均投资回报率是多少。所谓长期的平均投资回报率，就是与企业健康发展相适应的最高预期回报。

斯隆认为，长期投资回报目标是一把标尺，可以评估运营效率以及竞争对定价的影响。有了这把标尺，通用汽车公司就不会忘记长期盈利目标，并能在评估价格的时候，时刻知道竞争因素对公司实现目标的阻碍程度。当然，布朗的这个概念只是理论性的，因为无论产量如何，运营成果取决于实际价格和当年总成本的相互作用，而实际价格是由市场竞争决定的。

尽管如此，这个衡量标准并不会受到短期产量波动的影响，通用汽车公司可以由此确定当前运营成果与长期利润目标的偏差程度，进而对造成偏差的内在原因进行全面评估。

尽管在制定价格方面绝无僵化的具体规则可循，但是可以制定出一套标准价格，来适当反映出它与成本、产量和资本回报率之间的关系。这对于指导整个公司在个案上的决策非常有帮助。

比如，当实际产量比标准产量高或低的时候，需要对生产情况加以研判。只要材料成本和工资成本相对稳定，那么不管产量如何，单位直接生产成本也趋于稳定。单位成本在低产量的年景里会上升，反之，在高产量的年景里会下降。既然是把单位成本确定为衡量标准，为了避免产量波动对单位成本的影响，就应该在标准产量的基础上来计算单位成本。这里说的产量必须足够大，能够满足汽车行业周期性和季节性的高峰需求。标准产量将运营中的一些必要因素也考虑了进来，包括产量的参差不齐和生产的长期性。

在实践中，通用汽车公司的标准产量接近于多年期的平均产量，尽管具体年份的产量各有不同。在成本核算中引入标准产量的概念，就能够做跨年度的成本评估与分析，而不会受某个工厂产量波动的影响。单位成本的变动只反映工资、材料成本和运营效率的变化，不会受每年产量变化的影响。更重要的是，标准产量的单位成本提供了标杆，可以用来评估成本与价格的关系。同时，它也提供了具有一致性的单位成本数据，可以用来和实际的单位成本进行比较，进而评估月度和年度运营效率。对标准产量的成本核算还让公司针对生产费用制定出了详细操作标准，这一点很重要。

除了标准产量政策之外，还有一种当时业内通行的方法即根据实际或预期的产量，按照实际单位成本来严格定价。考虑到公司的固定成本巨大，这就意味着在高产量时期单位成本会下降，而在低产量时期单位成本会上升。在低产量时期，即便市场竞争情况允许你通过提价来回补单位成本的上升，也有可能导致销量的下滑，其结果就是利润降低、就业减少、经济遭受打击。在汽车行业这种高周期性的行业里，采用实际单位成本的评估方法来定价无论从经济角度还是社会角度来看都是不合适的。

斯隆认为，任何一年的净收入必然反映所有的实际成本，它受产量的影响非常大。无论业务好坏，固定成本都是通用汽车公司必须承担的。如果通用汽车公司的产量低于标准产量，那就只有一部分的总体固定成本可以分摊到单位生产成本里，没有分摊的部分就必须从净收入中扣除。相反，如果实际产量高于标准产量，那么总的净收入就会提高，因为固定成本会被摊薄到更多的产品当中去。

综上所述，利润是个剩余值，它取决于制造商在竞争市场上有多大能力，可以把成本控制在售价之下。也就是说，利润就是产品在竞争市场上的售价与总成本之差，它受产量的影响非常大。

随着斯隆基于财务因素的财务控制手段的实施，通用汽车公司很好地应对了 1932 年的经济危机，有效地控制了各项影响长期投资回报率的变动因素，将产量、成本和价格等变动因素控制在各个事业部的能力范围内。尽管销量下滑，却没有像 1920 年的时候那样出现士气低落的现象，公司账目上仍然保持盈利，这在当时没有多少公司能做到。

一切都是最好的安排，当通用汽车公司把这套财务管控系统的基础工作完成的时候，美国汽车市场恰好迎来了迄今为止最大的一次变革，助力通用汽车公司踏上新一轮的高速发展周期。

对中国企业来讲，依靠财务因素对企业经营业务体系进行管控是十分重要的，100 年前布朗在通用汽车公司导入的杜邦公式以及一套财务方法，还有斯隆的管理实践至今依然有效，值得我们学习。

CHAPTER 4

第 4 章

产品政策推动线路图成为现实

争夺市场依靠产品政策

企业应该把内部的力量协调起来，统一到争夺市场的方向上去。把企业的力量协调起来是一个复杂的过程，涉及各个环节之间的相互调整，还涉及每个环节内部的有效调整，其中包括资源的重新配置、能力的提升，以及协同行为关系的磨合，等等。这就涉及用什么方式的问题，是用"企业战略"的方式去推动，还是用"公司政策"的方式去引导呢？

很多人都知道，企业战略的实施过程是非常复杂的，需要强有力的领导班子以及庞大的推动团队。通常企业没有这样的力量，花了很大代价请咨询公司研究的战略报告，往往落不了地。不少企业的领导人说："企业的战略没问题，而是执行才有问题。"一时间，有关"执行力"的著作流行起来了。遗憾的是，企业的执行力依然有问题。也许应该改变的是做事方式，用公司政策去引导企业内部各个方面，使其逐渐协同起来，共同去争夺市场。这样做也许需要花很长的时间，但至少不会在意想不到的障碍面前手忙脚乱，惊慌失措，何况这些本来就是企业需要花时间和精力去克服的障碍。所以管理学强调，必须把决策过程和执行过程统一起来，直至决策的目标和执行的结果相一致。

通用汽车公司制定和落实产品政策的具体过程如下所示。

第一阶段，厘清公司的现实难题。

1920年，通用汽车公司的年销量是39万多辆，福特汽车公司是107万多辆，整个行业大约是230万辆。通用汽车公司的年销售额约为 5.67 亿美元，福特汽车公司约为 6.45 亿美元。

然而，通用汽车旗下的产品线非常混乱，布局很不合理，共有 10 款车，最低的价格是 795 美元，最高的价格是 5 690 美元，但是在低价市场上却无法和福特竞争。1921 年初，雪佛兰 490 型车的售价比 T 型汽车高出约 300 美元。

更不合理的是，各个事业部各自为政，在中档价位的市场上，比如雪佛兰 FB、奥克兰和奥兹，彼此雷同、互相残杀。

谢里丹和斯克利普斯—布斯这两款车甚至都没有自己的发动机，而且经销网络也非常有限，对通用汽车公司不仅没什么贡献，反而成了包袱。

另外，受美国经济通货紧缩的影响，通用汽车公司几个主要品牌的销量都在下滑。1921 年，除了别克和凯迪拉克，其他的产品都在亏钱。其中，雪佛兰的销量比 1920 年约下降了一半，月销售亏损一度达到 100 万美元左右，全年亏损近 500 万美元。

通用汽车公司的市场占有率从 1920 年的 17%，下降到了 1921 年的 12%，而福特公司的市场占有率从 1920 年的 45%，上升到 1921 年的 60%。

第二阶段，成立特别委员会，研究产品政策。

面对现实难题，通用汽车公司不仅要找到进入低价市场的办法，还要从整体上考虑产品的布局，制定产品研发政策和产品销售政策。

1921 年 4 月 6 日，执行委员会在参谋部下设了一个"特别委员会"，由资深的汽车经理人组成，包括莫特（当时轿车、卡车和部件事业集群的主管）、霍金斯（福特公司原销售总监）、凯特灵（通用汽车研究部)、巴塞特(别克汽车的总经理)、齐梅尔席德(雪佛兰的新任总经理),执行委员会的斯隆担任主席。

执行委员会告知特别委员会,公司打算进军低价市场,准备向福特汽车的统治地位发起挑战,要求特别委员会就这个问题发表意见,并提议设计和生产两款低价轿车,其中定价更低的一款产品去和福特汽车竞争。执行委员会还提议,日后可以对其他定价区间进行讨论。别克和凯迪拉克这两个品牌已经确立了竞争地位,因此无须进行任何变动。

为了让产品政策既清晰透明,又不是就事论事,而且还能和集团公司的整体目标相关联,就必须让汽车从业者们参与1921年的这场有关产品整体政策的讨论,而且还要把业务的全貌和所有已知信息都纳入讨论。关键是设计出能挣钱的产品线,既要增加效用,又要降低成本。特别委员会经过讨论和研究,形成了初步的结论,即限制车型的数量,并减少产品的重复建设。

对于进入低价市场的打算,通用汽车公司内部有不同的声音,执行委员会的主流想法是,设计一款革命性的车型和福特进行正面竞争。还有一种声音认为,进入低价市场会让之前积累的资源打水漂。最终大家统一了认识,决定采用大规模的生产方式,进入客户基数庞大的低价市场。

接下来,特别委员会面临的问题是,如何形成可落地的产品政策。他们用一个月的时间完成了研究,于6月9日,由斯隆向执行委员会汇报并获得了通过,成为公司正式推行的产品政策：

1.集团公司必须在每个价格领域都有自己的产品,价位从最低档产品一直覆盖到可批量生产的高档轿车，不进入生产规模有限的豪华轿车市场。

2. 产品之间的价格阶梯不宜太大，但也要具有足够合理的市场空间，以便发挥量产优势。

3. 避免公司的产品在各价位上雷同，导致相互挤压，相互残杀。

产品政策中还包括了一些关键细节，比如，如果通用汽车公司的轿车跟同级别最棒的竞争对手相比，在设计水平上已经毫不逊色的话，则没有必要在设计上引领潮流，或者冒险开展新的实验。

第三阶段，产品政策的落实。

尽管事业部之间产品雷同和彼此竞争的现象一直存在，但是，新产品政策让通用汽车公司焕然一新，竞争的优势逐渐显现出来了，与当时的福特公司以及其他轿车生产企业逐渐拉开了距离，逐渐赢得了竞争优势。

其中最重要的原因，是各个事业部之间形成了合作与协同。可以说，各事业部以及各工厂间合作运营，比它们各自为政时的工作效率更高。同理，各工艺部门以及其他职能部门的协同效果也是如此，彼此之间有了合作计划，在降低成本的同时提高了产量。

第四阶段，制定新的价格体系。

执行委员会要求特别委员会弄清楚，设计和生产两款售价分别不超过 600 美元和 900 美元车型的可行性。在此基础上，特别委员会又推荐四款车型，并严格设定了价位。至此，通用汽车公司初步形成了产品的价格系列。从而，公司的产品政策明确规定，只能生产和销售这六档标准车型，并尽早按照六档分类的产品进行市场布局和方案实施。具体如下：

　　1. 450 ～ 600 美元。

　　2. 600 ～ 900 美元。

　　3. 900 ～ 1 200 美元。

　　4. 1 200 ～ 1 700 美元。

　　5. 1 700 ～ 2 500 美元。

　　6. 2 500 ～ 3 500 美元。

　　综合来看，新的定价体系使通用汽车公司的产品线成为一个整体，并明确了每款车和整个产品线之间的关系。

　　在这个新的定价体系基础上，特别委员会又制定了一项巧妙的策略，即每款车的价格定在各个价位的顶部，而产品的质量要达到让客户愿意多付一点儿钱的水准，这样即便同档竞品的售价更低，也可以抢占它们的销售额，还可以吸引来自高一档价位的客户，让他们看到通用的产品质量和竞争对手的高价产品相差不大，但价格上有优势，从而抢占高档竞品的销售额。这项策略的意图是，在同等价位下比拼品质，在品质相当时比拼价格，同时限制车型的开发数量，规划每款车的档次，抢占与该价位临近的细分市场，做大每款车的销量，实现量产优势。

　　实际情况比预想的复杂，比如通用低档汽车的售价在最低档价位的顶端——600 美元，而竞争对手高一级别的汽车售价是 750 美元或略低。有些潜在客户就愿意为节省 150 美元，放弃细微的功能差别，但有些客户则会青睐竞品车型。由此看来，最终解决问题的办法还是要开发生产一款低档汽车，能够和福特 T 型汽车一比高下。

第五阶段，进入低价格市场。

在最低一档的细分市场上，福特汽车公司处在垄断地位，而通用汽车公司在这个价位上还没有一款产品可以与之抗衡，打破福特的垄断地位。

此外，在往上一档的低价市场上，通用汽车公司也只有雪佛兰和威利斯－奥弗兰。因此新的产品政策是生产一款低档汽车，性能要优于福特，售价只比福特略高一点儿，能够与福特展开正面竞争。

尽管当时的市场环境不是很好，但到了1921年9月，福特汽车和雪佛兰汽车的价差已经缩小到90美元，而年初的价差约为300美元，说明雪佛兰已经开始朝着产品政策的既定方向前进了。

紧接着，特别委员会针对不同的价位，对产品线进行了部署，通用汽车公司产品政策的核心理念是，实现整条汽车产品线的批量生产，提升产品的"性价比"，即开发和生产性能更好、外观更美的汽车，开拓汽车市场的未来发展空间。

同时，这项产品政策为雪佛兰与T型汽车之间的竞争指明了正确的方向。如果没有这项产品政策的引导，当时的福特公司恐怕不会有竞争对手，也不会有雪佛兰业务和利润的双增长。

在产品经济时代，企业真正要做的事情是把产品做好，而做好产品的潜力在企业经营业务系统之中，企业应当依靠统一的政策来进行引导，使企业"分工一体化的关系体系"变得更有效、更强大，更具价值创造的能力。

政策不同于战略，政策强调的是做什么、不做什么，具有直接而明确的指导内涵，并且可以一事一议，企业可以根据一个时期要解决的问题，制定具体的政策，直接引导与约束相关部门展开切实的行动。

　　而企业战略往往需要依赖理论素养进行系统的描述，然后进行具体的转换，转化为年度战略任务以及相关的行动方案。

　　最为重要的是，公司政策只能依赖经理人阶层去制定。他们需要直面现实中不合理的现象，经过反复研究和讨论，最后达成共识，制定出切实可行的公司政策，并依靠政策进行引导和改变。

　　理论上介绍的竞争战略，包括成本领先战略、差异化战略、集中化战略和多样化战略，等等，讲的是如何打败对手，很难在实践中操作，只能作为一种指导思想，帮助企业中的经理人阶层去完成对公司政策的思考。

　　真正打败企业的是企业自己，是企业的内耗，而不是竞争对手。需要通过制定公司政策，加强内部沟通和思考，去消除内耗，形成合力，统一在成败的关键上，使自己变得更有效、更强大、更不可战胜。

政策落地通过委员会推动

企业在做任何事情的时候都必须明确责任，明确谁对事情的结果负责，明确谁说了算。任何人都有自己的偏好和做事的习惯，任何人都倾向于按自己的方式做成一件事情。这就需要有一个人说了算，尤其在各方协同做一件事情的时候，更是这样。这就是俗话说的，"船老大多了要翻船"。

难点在于明确责任主体之后，如何发挥共事各方的主动性、创造性和贡献意识。为此，斯隆强调依靠政策的制定和推行，引导各方按照政策的要求协同起来。遇到问题或意见冲突，回到政策上来，回到政策的原则上来，在共识的基础上分头行动。同时，设立公司级的委员会进行协商和处理，形成进一步的实施细则和行动方案。

在这个过程中，必须始终遵循的原则就是：集体共同讨论行动方案，个人承担责任落实行动方案。实践中往往会忽略这个原则，尤其企业当局会忽略这个原则，把个人的意志凌驾于这个原则之上，形成所谓的一言堂，使企业当局在不经意之中滑向"行政当局"，而不是努力走向"管理当局"，走向现代企业的管理当局。

1921 年 6 月，在执行委员会的推动下，通用汽车公司的产品政策出炉了，核心理念是实现整条产品线的批量生产，不断提高产品的性能，同时不断降低产品的售价。在产品政策转向现实的过程中，遇到了意外的障碍，这就是在"铜冷发动机"的开发上浪费了两年半时间，可谓思维的逻辑和历史的逻辑并不相同。

铜冷发动机的市场前景很诱人，安装铜冷发动机后，汽车无须像安装水冷发动机那样，需要安装笨重的散热器和水管系统，发动机的部件数量、重量和成本都将减少，同时性能还会提高。如果这些想法都能实现，那它的确会给整个产业带来革命性变化，但发动机的设计从理论走向实践，过程会很漫长。

1920 年底，就在杜邦成为通用汽车公司总裁后不久，凯特灵向他汇报说，福特的小型风冷发动机准备量产了。他建议通用汽车也生产和测试一部分铜冷发动机轿车，如果情况令人满意的话，就要准备在 1921 年向市场投放 1 500 辆或 2 000 辆。

几天之后，杜邦带领执行委员会成员，包括拉斯科布、哈斯凯尔、斯隆以及雪佛兰的总经理齐梅尔席德、财务委员会秘书哈特曼，去代顿凯特灵的实验室考察，并达成了共识，即新车型应该在最严格的条件下，先接受充分的测试，然后才能考虑如何投入使用。如果产品的品质令人满意，将把它用于雪佛兰的产品线，以取代现有的雪佛兰 490 车型，这是雪佛兰的低价标准车型，也算是 T 型车的潜在对手。铜冷发动机的成败，对通用汽车公司在低价批量市场上打败福特具有决定意义。

———

1921 年 1 月，执行委员会同意对铜冷发动机和现有的雪佛兰 490 水冷发动机进行一次对比研究，且在 1921 年秋季开始的年度生产计划中，不会对 490 车型做重要变动，将静观铜冷发动机的未来发展状况，再决定如何对 1922 年 8 月开始的年度生产计划进行调整。

但是，两周以后，即1921年2月初，执行委员会突然表达了一个更明确的观点，称："我们打算把铜冷发动机先应用于雪佛兰事业部的一款低价轿车，请凯特灵和齐梅尔席德知悉。"这对雪佛兰事业部而言，意味着总部直接下达了行动命令。

但是执行委员会内部的意见并不一致，尤其是斯隆，他非常犹豫，而总裁杜邦已经下定决心要推动铜冷发动机轿车的生产。雪佛兰的总经理齐梅尔席德表示反对，希望到1922年8月的时候，再来备产铜冷发动机4型轿车。另外，雪佛兰事业部已经对水冷发动机490型轿车做了一些改进，也设计了新的车身。由此可见，执行委员会的命令和雪佛兰事业部的实际行动之间发生了冲突，而且雪佛兰事业部与凯特灵的代顿实验室彼此也不认同，更不清楚如何合作。1921年5月，凯特灵报告说4型车和6型车都可以备产了。而齐梅尔席德明确表示对铜冷新车型持保留意见。

斯隆认为，执行委员会在落实政策方面犯了一个根本性的错误，把生产测试和车型设计的任务交给了凯特灵的代顿实验室，而实际量产的责任划给雪佛兰事业部，这导致双方的责任边界一直含糊不清。

齐梅尔席德想搞明白的是，在新车生产这个问题上谁是谁的顾问，是代顿实验室作为汽车事业部的顾问，还是汽车事业部是代顿实验室的顾问。事实上，雪佛兰事业部对于新的工艺设计一直持怀疑态度，而代顿实验室也担心雪佛兰事业部会更改它的设计。

1921年10月，执行委员会正式确定了铜冷发动机另一条测试生产线设在奥克兰，其生产规划的具体日期如下。

1. 现有的水冷轿车将于1921年12月1日停产。

2.在代顿制造的新型铜冷轿车，将于 1922 年 1 月在纽约汽车展览会上推出。

3.新型轿车将于 1922 年 2 月，在庞蒂亚克的奥克兰事业部开始投产，计划产量为每天 100 辆，以后逐步增加。

遗憾的是代顿实验室提交给奥克兰事业部的第一辆铜冷轿车，没有通过测试。1921 年 11 月，奥克兰的总经理汉纳姆给杜邦写信说："我们预计无法在既定的时间内实现投产，因为开发工作要想达标就必须进行改动。实际上，要让车辆完成所有测试，并通过我们的检验，至少还需要 6 个月的时间。现有的老车型大概会在 12 月 15 日就清理完毕，为了填补铜冷轿车投产前的时间空白，我们计划引入一条全新的水冷轿车产品线。"

公司原定的计划就这样突然被推翻了，总部的办公室里弥漫着失望和惊恐的情绪，而在相关的事业部，人们对铜冷发动机轿车的前景也感到悲观。

~

1921 年结束之际，通用汽车公司的产品线都没有明显的进展。这些事件困扰着斯隆，以至于他开始尝试着在更高一级的层面上进行思考，他认为需要把事情拿到执行委员会上进行讨论。

斯隆认为："选择铜冷发动机还是水冷发动机本质上是个工程问题，应由工程师来负责。从原则上来说，凯特灵可能是对的，但超越了他所处的时代。从开发和生产的角度来看，汽车事业部也是对的。

从商业和管理的角度来看，执行委员会所做的决定有悖于组织原则和企业的目标。比如，过于关注某种特别的工业设计，忽视了企业需要实现的整体目标。对研究部门的观点予以支持，却低估了最终负责生产和销售新汽车的业务部门的判断。与此同时，常规的水冷车型正在落伍，却没有拿出正式方案予以应对。"

1922年1月26日，斯隆作为公司的运营副总裁召开了一次会议，他认为："目前集团公司和雪佛兰事业部都还没有足够的证据证明，铜冷轿车能够在指定的日期投产。为了保守起见，应该构筑好第二道防线。"这第二道防线就是指事业部要同时采取行动，对现有雪佛兰的水冷轿车进行改进。

1923年的3月，雪佛兰铜冷轿车的生产遇到了麻烦，生产进度受阻。出厂的少量铜冷轿车经部门检测后，暴露了大量问题，这些问题表明这些车仍处于试验阶段，还不能通过验证，有待进一步开发。

于是，下一步做什么的问题也迎刃而解，唯一能销售的雪佛兰轿车就是过去传统的水冷车型。尽管这款车在当时来说性能不算高，但经过改良后质量还算可靠，当年春季的销售量升到了历史最高。

1923年5月，杜邦辞去了通用汽车公司总裁一职并由斯隆接任。随即执行委员会任命了一个由三位工程师组成的委员会，成员有发动机生产事业部的总经理卡什、雪佛兰的首席工程师亨特，以及别克的首席工程师德·沃特斯。1923年5月底，他们在执行委员会会议上递交了一份报告，结论是铜冷发动机项目还无法立即投入生产，建议保留继续开发的权力，但不要有立即投产的想法。

雪佛兰当时已经生产了759辆铜冷轿车，其中有239辆被生产工人鉴定为废品。剩余的 500 多辆车里面有大约 150 辆车是工厂代表在使用，有超过 300 辆车卖给了经销商，其中 100 辆车已卖给了零售买家。1923 年 6 月，雪佛兰事业部决定召回市面上所有的铜冷轿车。

斯隆对此反思道："显然，我们犯的一个基本错误就是责任的分散。执行委员会、运营事业部和凯特灵的代顿实验室都在尝试做管理工作，而部门内部和外部都存在着分歧。显然我们现在必须回到正确的原则上来，把责任问题聚焦到一个点上，并予以解决。我的计划是成立一个独立的试运营部门，全权由凯特灵先生管辖，也可以说是铜冷轿车事业部。凯特灵先生可以指派他的首席工程师和生产人员来解决制造中的技术问题。这个组织也将负责铜冷轿车的市场推广。产量的多少将由市场环境来决定。这个计划将给凯特灵先生提供一个不受干涉、充分施展的空间，他坚信的轿车概念是否合理，也就能得到顺利验证了。"

斯隆认为，如果强迫事业部门去做它们不相信的事情，或者做一些存在争议的事情，那么公司走不了多远。而如果总工程师的职责和凯特灵先生的责任是分离的，公司也走不了多远，除非公司确保把所有责任归属到某一方的手中。这就意味着应该把责任划分清楚，以结束铜冷轿车与其他事业部之间的混乱状态。

这样，事业部就可以按照自己的方式继续推进业务。这些事业部要想在未来维护住现有的市场地位，还有很大的问题要解决。想要在凯特灵先生与亨特先生之间，或者凯特灵先生和其他任何人之间，就铜冷轿车开发的诸多技术细节达成共识是徒劳的。他们之间永远不会达成共识，必须要有一个人能按自己的方式、依靠自己的判断来解决问题。

铜冷轿车开发的重任落到了代顿实验室，由凯特灵先生管辖。汽车事业部也轻装上阵，推进常规的水冷计划。

1923 年 7 月，在斯隆的推动下，雪佛兰水冷轿车经过全新设计后，按照 1921 年制定的产品政策和计划，投放到了低价格、高销量的市场中，并取得了成功。

由于各种原因，铜冷轿车最后失败了。但在代顿实验室，凯特灵先生和他的员工后来取得了很多非凡成就，开发出了四乙基铅、高压缩发动机、无毒冷冻剂，双冲程柴油机让通用汽车引领了铁路的变革，还有很多其他发明、改进和研发被广泛应用于汽车、火车、飞机和电气设备中。

通用汽车公司铜冷发动机事件表明，在企业中明确责任主体是最重要的，否则事情就很难做出结果，很难做出进一步的抉择，会使企业陷入拖拖拉拉的状态之中，混乱、失效和无序以及普遍的抱怨将不可避免。斯隆的实践给出了另外一个启示，那就是如何在明确责任主体的前提下，依靠执行委员会以及相应的专业委员会，通过充分的沟通和协商，形成政策和解决方案，引导各部门之间展开有效协同。

在产品力上持续下功夫

企业的成功取决于产品的高性价比，企业的持续成功取决于产品性价比的持续提高。按消费者的说法，就是价廉物美。企业的取胜之道，就是在不断提高产品性能的过程中，不断降低生产成本和销售价格。

曾经有人建议本田宗一郎向消费者请教，而本田宗一郎认为："我们才是专家，我们知道消费者需要什么。"索尼公司的盛田昭夫也这么认为：只有当企业把新产品放在了消费者面前，他们才会恍然大悟，才会意识到自己需要什么，才会认识到有价值的是什么。

1908 年，福特汽车公司推出 T 型汽车，引发美国汽车行业的巨变，靠的是产品的高性价比，并且规模化生产方式引发了各行各业的巨变。这也为通用汽车公司的崛起找到了机会，即在规模化生产的基础上，不断提高产品的性能。

1921 年，通用汽车公司为了超越福特汽车公司，制定了产品政策，希望通过消除内耗、整合资源来提高产品的性价比，尤其明确了要在最低档位的雪佛兰车上，提高性能、降低售价，与福特汽车展开正面竞争。

1921 年的产品政策明确指出，公司的未来及盈利能力，将取决于是否能够以最低的成本，设计并批量生产出最高效用的轿车，为雪佛兰在低档的福特轿车与中档轿车之间拓展更大的市场空间。

但是，这个市场策略意图在处理铜冷发动机问题时受阻了，主要原因是执行委员会放弃了原先产品政策中的原则，转而去追求一款革命性车型来对抗 T 型车。直到 1924 年，公司面临困境才清醒地意识到，要想让1921年制定的产品政策及其计划有意义，就必须把产品设计与开发的工作做好。

其中的教训是惨痛的，相较于上一年，1924年美国全行业的轿车销售额下滑了12%，而通用汽车公司的轿车销售额下滑了28%。整个汽车行业销量减少了约43.9万辆，其中将近一半来自通用汽车公司。通用汽车公司的轿车市场份额按销量计算，由20%下降到17%，而福特汽车的市场份额由50%上升到55%。销量下跌最多的是雪佛兰汽车，跌幅达37%，而它的竞争对手福特汽车只下跌了4%。

汽车行业有一点很独特，就是汽车从设计到生产存在较长的时间差，当年出现的问题，往往要从1~3年前做的决策中找原因。因此，1924年雪佛兰轿车销量的重挫，可以归结于在之前三年里，雪佛兰轿车的设计工作进展缓慢。

通用汽车公司总部及相关部门曾围绕造出好轿车的想法制订过计划，包括提供更全面的汽车配件，在基本交通工具的基础上改进轿车功能，还考虑过通过降价让雪佛兰轿车足以把客户从T型轿车那里吸引过来。但是，将1921年的这份计划和1924年雪佛兰轿车的现实情况进行比较后，会发现理想和现实之间的差距巨大。尽管如此，通用汽车公司并没有改变最初的计划。

⌐

铜冷发动机项目在1923年夏天被放弃以后，雪佛兰的工程师们在亨特的带领下加紧工作，将原有型号重新设计成了一款新型车，称为K

型车，并在 1925 年的车型年投放到市场上。虽然新车型的变化不大，但毕竟有所优化，一举"收复"了雪佛兰的市场，当年轿车和卡车销量达到 48.1 万辆，比 1920 年增长了 64%，比 1923 年的高峰期也多出 6%。

再看老对手福特汽车，1925 年轿车和卡车的销量较上年大致持平，约为 200 万辆。但考虑到当年市场总量较 1924 年有了大幅增长，实际上福特的市场份额相对下降了，由 54% 跌到 45%。让通用汽车公司窃喜的是，福特没有意识到这是一个危险信号，没有意识到市场需求正在发生逆转。

通用汽车公司相信，只要市场需求的性质改变，只要人们追求高性能汽车成为新的趋势，那么公司的产品政策及产品计划就能落地，公司就有机会赢得时间和空间，不断提高产品的性能，同时不断扩大产能和产量，以规模化的生产方式降低成本，降低售价，主导市场发展的新趋势。按照现在的说法，就是"优势打不过趋势"。就像当年亨利·福特开创和主导市场一样，通用汽车公司也将抓住这百年不遇的市场发展机会。

借用斯隆的话说，像 20 世纪 20 年代中期这样的行业巨变很少见，纵观历史可能仅有一次可以与之相提并论，那就是 1908 年之后福特 T 型汽车的崛起。作为福特汽车公司市场地位的挑战者，通用汽车公司只有抓住了这次机会，才能真正得到变革的红利。

在 1925 年的时候，福特汽车在低端市场上的份额仍然接近 70%，旅行轿车售价仅为 290 美元，而雪佛兰旅行轿车的售价是 510 美元。尽管雪佛兰 K 型车取得了成功，但和福特 T 型车的价格差距毕竟很大，还不足以对福特占领的市场产生牵引效应。斯隆的想法是，持续改进产品，然后随着时间的推移和市场地位的稳固，逐步把价格降到

T 型车的水平。

1924 年，通用汽车公司主打的产品线清单如表 4-1 所示。

表 4-1　1924 年的产品线

产品线	售价
雪佛兰	510 美元
奥兹	750 美元
奥克兰	945 美元
别克 4	965 美元
别克 6	1 295 美元
凯迪拉克	2 985 美元

这里面差距最明显的是凯迪拉克和高端别克 6，以及雪佛兰和奥兹。为了弥补标准凯迪拉克和别克 6 之间的价格差，斯隆提议凯迪拉克考虑生产一款售价约 2 000 美元家用轿车的可能性，这就是 1927 年投放市场的拉塞勒轿车。

当时最大的隐患是雪佛兰和奥兹之间的价格差，这之间可以形成很大的市场空间，很容易被雪佛兰之外的竞争对手所抢占。因此，填补这个空白非常重要，可谓"攻守兼备"。进攻上可以填补市场空白，防守上可以抵御竞品轿车进入该市场，对雪佛兰形成压制。为此，斯隆决定引入一款售价比雪佛兰高的全新六缸发动机轿车，来填补这个市场空白。

同时，为了确保策略有效，填补市场空白的轿车还必须具备量产效益，以防止其蚕食雪佛兰的部分产能，进而降低它的经济效益。斯隆决定，新车型的实体设计必须要与雪佛兰进行协同，以便共享雪佛兰的经济效益。

最初亨特、克雷恩和斯隆三人讨论这款车的时候就明确，这款六缸轿车的设计将尽可能地在雪佛兰车身和底盘部件的基础上进行。六缸轿车会比雪佛兰四缸轿车行驶起来更加平稳，轴距更长，发动机的排量和马力更大，车重也增加了，取名庞蒂亚克。

奥克兰的总经理汉纳姆给斯隆写信，建议由他的事业部来承担开发阶段的工作。斯隆在 1924 年 11 月 12 日给他做了回复："庞蒂亚克轿车的开发在我看来还是个悬而未决的问题，尽管我把您的信非常仔细地读了几遍，还是无法给您回复，因为对于最值得采用的政策是什么，我的想法还没有成形。我从一开始就完全相信，这样一款车是有市场的。如果通用汽车公司不进入这个市场，别人迟早也会进入。我不知道这个市场是否会都留给通用汽车公司，我对此非常焦虑，我们必须要权衡一下别人可能会怎么做。

"我们对这个问题的探讨总会遇到一个大难题，就是大家往往会谈论一些与雪佛兰无关的想法。每次提到这个话题，就有人想发表不同的意见。除非我们坚持原则，也就是生产一款雪佛兰底盘的六缸发动机汽车，否则我们绝无可能成功，我想您会同意我的观点。

"由此我也明确得出结论，为了让工作的阻力最小，我们唯一要做的是请雪佛兰工程部门承担开发任务，只有这样做，我们才能充分利用雪佛兰的现有能力，而不是采用其他容易出现偏差的做法。毕竟工程师难免会在开发中注入自己的个性和想法，这既正常也合乎情理，虽然这肯定不会对具体的开发造成损害，但它会对轿车业务产生不利影响。既然我们要利用好雪佛兰的部件、厂房、装配车间，我们的开发就必须沿着雪佛兰的业务线走。

"因此，我一直在和雪佛兰的总经理努德森讨论这件事，我觉得我们应该把目前取得的工作成果都交给他的工程师亨特先生来处理，让他仔细权衡，让他沿着建设性的路径为我们开发出一款六缸发动机，同时我们和他都要知道大方向在哪里。事实上，雪佛兰自身也需要进行发动机的开发实验，这两件事情可以合在一起做。"

1925年10月21日，斯隆在执行委员会会议上指出，庞蒂亚克双门轿车会在1926年的车型年如期问世，其售价为825美元，在雪佛兰双门轿车（645美元）和奥兹双门轿车（950美元）的中间。这样一来，通用汽车公司产品线在中低端市场的价格空白也被填补了。

此后数年，通用汽车公司的产品线基本确定：凯迪拉克和别克分别处于价格金字塔的第一位和第二位，雪佛兰总是处在价格金字塔的底部。奥克兰事业部后来变成了庞蒂亚克事业部，负责生产庞蒂亚克轿车，而奥克兰轿车停产了。庞蒂亚克成为一个有特色的品牌，奥兹的价位就在庞蒂亚克和别克之间。通用汽车公司形成了从低到高完整的产品系列：雪佛兰、庞蒂亚克、奥兹、别克和凯迪拉克。

通用汽车公司的产品政策终于落地了，其在政策的引导下不断改进产品，在成败的关键上下功夫，把握住了市场转折的机会，彻底改变了市场竞争的格局。

企业之间的竞争，说到底是产品之争。如何使产品越做越好，如何把握产品的薄弱环节，如何针对争夺市场的要害展开产品的更新换代，这些都需要依靠产品政策的引导，借用斯隆的话来说，对于产品而言，所谓政策就是持续、永恒地改进，以不断地提高企业争夺市场的能力。

依赖政策进行引导的领导方式

企业当局是"行政当局"还是"管理当局"，两者的根本区别在于"领导方式"，而不在于"权力来源"。"行政当局"往往以命令的方式，而"管理当局"则以协商的方式，推动企业的整体运营。

有人认为，两者的区别在于权力的来源或合法性基础是产权还是宪章，以及做事情的出发点和归宿是顾客还是自身。其实这是企业领导阶层的一种选择，而最终决定企业领导阶层选择的是"有效性"，也就是说，何种选择才有利于整体运行的效率。与有效性直接相关的是领导方式。

斯隆非常清楚，亨利·福特的领导方式是有效的，依靠高度集权，推行"胡萝卜加大棒"的专制管理，把公司治理得井井有条。一举打败汽车行业的所有对手，独占鳌头。

福特已经把"以机器代替人力"做到了极致，把生产汽车的过程分成几千个工序，然后再用固定流水线的方式把各个工序整合为一个完整的系统。把人与人之间的关系转化为各工序之间、物与物之间的关系，分工与组织的效能无与伦比。

但是，斯隆很清楚，福特的领导方式不适合通用汽车公司，甚至不适合以知识劳动者为主体的现代企业。说白了，福特这种老的领导方式已经过时了。

斯隆接手的通用汽车公司是十几个各自独立运营事业部的联合体（注：1916 年杜兰特就已把子公司转变为事业部），形不成行政性的权力中心，也不可能把它们之间的关系转化为工序之间的协同关系，只能依靠协商的方式使各个事业部按照整体运营的要求，形成一体化的协同行为关系。最终通用汽车公司走出了一条完全不同于福特汽车公司的发展道路，这就是在激活各个事业部能量的基础上，依靠公司政策的引导，持续消除不合理的状态，不断提高整体运营的效率。

这种依靠公司政策进行引导的领导行为方式，可以保持各个事业部的活力，更重要的是可以针对不合理的现象，灵活制定相应的公司政策，持续改善整体运营的效率。

换句话说，这种政策引导的方式，使通用汽车公司走出了一条不依赖于行政权力做事情的现代企业管理之路。遗憾的是，很多企业至今依然不知道要用政策引导的方式来推进企业的发展。

在杜兰特整合通用汽车公司之初，旗下的各个子公司各自为政，而杜兰特关心的是增加产量，这导致通用汽车公司各品牌之间相互竞争，形成内耗，市场的整体表现很差。

尤其是最便宜的雪佛兰轿车，价格一直明显地高于福特，通用汽车公司没有一款能与福特抗衡的汽车，这显然是不合理的。1921 年，雪佛兰的市场占有率更是下降到 4%，而福特则上升到 55%。

～

1921 年，通用汽车公司制定了产品系列政策，明确了通用旗下各品牌的市场区隔与价格定位，以及对应的业务范围和业务关系。

1923 年，通用汽车公司年报指出，经过重新安排和调整，此前存在于各汽车事业部之间的竞争，已在很大程度上被消灭了。这一政策不仅使工程制造，还使分销方面的协调成为可能。如果没有此项政策，那么这一切就无法实现。

通用汽车公司通过产品政策明确了产品的系列，包括品牌定位和价格定位。于是发现在雪佛兰和奥兹的价位之间，存在着一个规模很大的潜在市场，由此决定推出庞蒂亚克来弥补这个空档，实现"为每一个钱包和用途生产一种汽车"的目标。

那么究竟由哪个事业部来开发和生产庞蒂亚克轿车呢？斯隆以一贯的作风，摆明他的主张以及理由加以引导。他向执行委员会提交了一份名为《庞蒂亚克轿车之现状》的报告，对成本、竞争、协同和公司总部的任务等关键命题进行了辨析："布朗先生已经让他的同事做了一些成本估算。尽管这还不是最终结果，但它似乎表明我们的想法是合理的，也就是说，按照成本的平均分摊法，即使把应付的经常性费用加进来，仍可考虑将价格定为约 700 美元，由此产生的利润将给我们带来非常可观的投资回报。

"除了上面所说的情况以外，未经确认的信息显示，我们的一两家竞争对手也在窥探这一市场。由此我们认为，尽管这款车的开发可能会挤占奥兹和雪佛兰汽车的部分业务，但这一市场由我们自己的事业部之间竞争，总比让竞争对手夺走要强。目前来看，这两件事情最终都会发生。

"我们针对这项方案已经工作约一年了，坦率地说目前进展不大。似乎我们每次把它拿出来讨论的时候，执行委员会都对如何实操举棋不定。我可以很明确地说，无论把它交给一个独立的工程部门，还是让最初的介入者奥克兰事业部来主导，我们都不会踏上成功之路。我更加确信的是，唯一成功的机会是把它交给雪佛兰事业部进行开发。这样一来，像轿车底盘这些工作的协同就会自然形成，不会因为工程师自然合理的个性偏好而导致这样或那样的分歧出现。换句话说，如果我们想经受住考验，就要让事情遵循它应有的逻辑去发展。"

斯隆在这份报告中谈到了轿车之间协同制造的问题，认为庞蒂亚克轿车标志着通用汽车公司在实体产品的制造协同上迈出了重要的第一步。虽说实体协同是大量生产方式的首要原则，但在当时，人们从T型轿车的案例中普遍认可的观点是，大规模生产只适用于单一化产品。而庞蒂亚克与其他价位轿车的局部协作证明，汽车的大规模生产方式可以与产品的多样化并存。

通用汽车公司的产品线分布在六个价位，每款车型还设有几个级别，而开发庞蒂亚克轿车对于整条产品线来说意义重大。如果高档轿车能够享受到低档轿车的规模效益，那么大规模生产方式就能惠及通用汽车公司的整条产品线。这给1921年的产品计划赋予了新的意义。事实上，通用汽车公司所有的轿车事业部最终都在这方面进行了不同程度的尝试。

在这个过程中，有一件事情的发生深刻地影响了庞蒂亚克、雪佛兰和T型车的命运。1921年，哈德逊汽车公司的罗伊·查宾推出了埃塞克斯封闭式双门轿车，售价1 495美元，然后每年降价，到了1925年，查宾先生把封闭式双门轿车的价格降到了895美元。在此之前，

　　汽车行业从没有过这样的情况，于是埃塞克斯封闭式双门轿车一下子就受到了市场的热捧。这表明封闭式轿车如果能在量产的基础上定好价，就可以统治未来的市场，甚至包括低端市场。这就刺激了通用汽车公司加紧安排庞蒂亚克上市，同时加紧朝封闭式轿车的方向转型。

　　通用汽车公司用产品政策解决了产品系列问题以后，没有停下来，而是继续寻找不合理的地方，制定新的政策，进一步提高整体运营的效率。

　　很快他们发现，过去在杜兰特时代，通用汽车公司非常注重对基本物料供应的所有权与掌控权。然而，现在的外部环境发生了很大的变化，原先的做法已经显得不合时宜，一些浪费资源的做法需要改变。就拿1921年的轮胎行业来说，其生产的轮胎只有一小部分用于汽车制造商，汽车制造商没必要对此进行投资，获取所有权或掌控权。另外，汽车用的薄板和其他品种的钢材，情况也大体如此，大部分用于汽车工业以外的商业消费，所以不应对此继续投资。

　　于是通用汽车公司制定新的政策，改变过去的做法，把资源集中起来，投向与轿车、货车和拖拉机制造直接相关的领域，培育专业供应商，令其货物主要供应给通用汽车公司。

　　另外，随着产品系列政策执行的结果越来越好，各个产品事业部的市场区隔也越来越清晰，这种情况下就有条件制定相应的公司政策，明确各事业部之间相互供货的定价原则，即各个事业部的产品，无论是卖给通用汽车公司内部还是外部，均采用现行的市场价格。各事业部之间不再协商价格，内部必须与外部一样，支付同样的价款。如果某种产品在公司外的市场上缺乏一个竞争性价格的基准，则由购买该产品的部门决定竞争性的价格。在必要情况下，需要有意识地安排一些外部采购，以增强内部的竞争活性。

这种价格协调政策的好处是，可以准确评估通用汽车公司旗下各事业部的绩效。离开了这种以市场为背景的价格竞争条件，很难评估各个事业部在零件和部件供应上的业绩。如果卖方向买方索要高于开放市场的价格，这意味着卖方占了便宜，买方吃了亏，付出了更多代价，最终就不能精确地反映每一个事业部的资源利用情况。

为了保证这项政策的贯彻落实，执行委员会做了进一步的规定，要求每个事业部就本应该在公司内部购买却转向外部采购的项目及其原因，提交一份详细的报告，以确保得到客观公正的评价。

从中我们可以看到，政策具有可持续性，企业可以沿着不断提高整体运营效率的自然逻辑，调动内部的各方力量展开有效协同，来共同消除不合理的状态和失效的现象。企业应该伴随经营业务体系的发展而不断制定新的政策，更应该伴随着外部环境的不断改变而不断推出新的政策以保持内在的统一性。统一于企业的领导方式，统一于引导式的协商方式，这是通用汽车公司不同于福特汽车公司的特征，也许就是现代企业管理的本质特征。

企业的社会责任即创造顾客

很多企业都强调，要满足市场的需求，要为顾客创造价值。营销学也强调 4P 策略，引导企业如何把产品卖出去，卖个好价钱，进而强调要按需研发和按需生产，更多、更快、更好地把产品卖出去。

可是，德鲁克强调，企业的目的是创造顾客。很多人困惑了，为顾客创造价值就已经很不容易了，为什么还要创造顾客？

工商企业是产业社会的主体，必须为产业社会的正常运行和持续发展承担社会责任。企业的社会责任不只是乐善好施，不只是环境治理或对社会的影响进行管理，还包括为产业社会创造出更多的顾客，为经济的繁荣拓展市场空间。如果经济下滑，市场萧条，企业有天大的本事，产品也是卖不出去的。可以说，开拓市场空间，创造更多顾客，也是企业的社会责任。

退一步说，像斯隆这样的经理人都很清楚，企业必须活下来，必须挣到钱。所以，有人会说企业的责任就是挣钱，企业挣钱的逻辑就是，通过满足顾客需求获取利润。这里的问题是，如果所有的企业都这么想这么做，那么营销 4P 策略就变成了现实 4P 大战，即产品大战、价格大战、渠道大战和促销大战。市场的空间太小了，企业必然挤压在一起相互绞杀。

进一步的问题是，如何在巨大的市场竞争压力下创造顾客并挣到钱，让企业活下来？

斯隆为这件事情考虑了很久，也观察了很久，最终形成了"销售四原则"及其系统的举措，不仅创造了顾客、刺激了需求、拓展了市场空间，而且打败了竞争对手并大幅提升了销售业绩，挣到了钱。

一是分期付款。

1914 年之前，汽车行业曾出现过少量分期付款的做法，通用汽车公司意识到可以借助这种方式，去克服消费者支付能力的障碍，推动市场需求的增长，反过来，促进汽车业的发展，使生产供应和市场需求两者之间相互作用，促进美国经济的增长。供应侧和需求侧的互动，是经济增长的本质。

1919 年，通用汽车公司成立了金融服务公司，推行"分期付款计划"。在消费者和经销商签订分期付款的购销协议之后，由金融服务公司向经销商支付车款，并负责从消费者那里收取剩余款项。

到 1963 年，金融服务公司为消费者提供了 4 600 多万辆轿车分期付款的零售信贷，其中 2 100 万辆是新车，2 500 万辆是二手车。可见通用汽车公司的分期付款计划，对于经济的刺激作用是很大的，直接的受益者一定是通用汽车公司，为其大力发展生产开辟了市场空间。

二是旧车折价。

通用汽车公司很早就向汽车经销商提供中高档二手车的贴换服务。具体的做法就是以旧车换新车，对旧车进行评估，按旧车的残值回收，新车按回收价打折。

分期付款和旧车折价刺激了消费者的购车欲望，并逐渐成了汽车消费市场的新趋势。

随后，经销商变得活跃起来，鼓励自己的消费群体提前更换新车，从而使二手车市场也热闹了起来。

三是年年换代。

二手车市场的活跃，对通用汽车公司无疑是非常有利的。早在 20 世纪 20 年代初期，通用汽车公司就主张年年换代，更新车型，这和福特公司主张的静态车型理念正好相反。

每年秋季，通用汽车公司新型汽车问世的炫目光辉，与当年的美国棒球世界联赛一起，吸引着全美新闻界和公众的注意力，点燃了众多车主更换新车的欲望，使分期付款和旧车折价的做法，更加吸引消费者。反过来，通用汽车公司的这些做法，成为消费者克服自身困难、满足自己愿望的手段。

斯隆认为，新轿车的作用在于填补车辆报废的空白和扩大用户增量。而二手车由于价格低得多，可以满足不同层次的基本出行需求。福特恰恰没有意识到，新轿车未必是用来满足人们基本出行需求的。单凭这一点，福特的理念就不太符合 1923 年之后美国市场的现实情况，即美国市场的基本出行需求主要是通过二手车来满足的。

当一手车的车主重回市场，把旧车作为首付贴换新车的时候，他们卖出的是基本出行工具，买进新车则满足了自己更高层次的需求。

可以说，中等收入的买家在汽车贴换和分期付款的帮助下，产生的需求并非更换基本交通工具，而是希望体验新轿车的改进功能，体验它的舒适、便捷和外观设计。这是美国生活方式的新潮流，企业顺应了这种潮流才会繁荣发展。

四是封闭式轿车。

斯隆认为，通用汽车公司能够在与福特公司的这场竞争中取得胜利，最具决定性的因素就是封闭式轿车。

封闭式车身是汽车史上，自汽车的机械稳定性问题解决以来，最重要的一次进步。封闭式车身使轿车成为适合全年出行的舒适交通工具，从而扩大了汽车的使用范围，也大大提高了产品的价格。

通用汽车公司一直在朝着封闭式轿车的方向转型。1924年9月18日，通用汽车公司执行委员会认为："应该提醒我们的事业部经理，要审慎对待开放式轿车的生产计划，因为市场潮流似乎正在快速转向封闭式。"到了10月，通用汽车公司把封闭式轿车的生产比例，从当年大约40%的水平，提高到75%。一年以后，通用汽车公司封闭式轿车的生产比例提高到了接近80%。

封闭式轿车在整个汽车行业中的需求比重增长迅猛，从1924年的43%跳涨到1926年的72%，1927年达到85%。

封闭式轿车的兴起，使得福特公司无法在低价市场继续保持领先，因为T型车的车身主要是开放式的，它的轻底盘不适合装载较重的封闭式车身。虽然最终福特公司还是在T型车上加装了封闭式车身，但同时期的汽车销售比例的增长，远远落后于通用汽车公司。

後来，通用汽车公司的"销售四原则"成为整个汽车工业的基本原则，随后，又被丰田公司完美继承和发扬，由此形成了丰田公司独特的商务活动方式，到了21世纪初，成就了丰田公司汽车行业霸主的地位。

应该指出，通用汽车公司的"销售四原则"并不是来自灵光一现的奇思妙想，而是斯隆在长期的市场观察和研究过程中逐渐形成的。

最初斯隆意识到，汽车消费时代还会有更大的发展，并观察到了刺激市场发展的四个元素，即分期付款的销售方式、二手车贴换、封闭式轿车，以及年型车。

斯隆回忆说："在今天看来，我们当时对这些元素在整个汽车市场上的发展动向并不十分清楚，特别是对于它们之间如何相互作用并不十分了解，那时候只是把它们视为不确定因素和趋势，是有待研究的案头数据。"

1921年，通用汽车公司的管理层调整，斯隆成为运营副总裁，主导整个汽车产品线的业务，他意识到这四个元素已经冒头了，于是制订了"销售四原则"及其相关行动计划。这项计划出台的一个很重要的原因，就是利用雪佛兰来对抗福特的T型车，为通用汽车公司的中档汽车拓展更大的市场空间。

从中我们也可以看到，包括斯隆在内的企业的经理人都是普通人，他们把握市场需求趋势的方法也是简单的，就是深入持久地去观察市场各种各样的变化，从而找出适应变化趋势的关键条件，即刺激市场需求的"4个元素"。接下来，就是等待时机，制订实施计划，推动市场需求向预期的状态发展。

这里不需要高超的洞察力，每个职业经理人都能做到。只需要花足够的时间，去把握市场变化趋势。接下来要做的事情也不复杂，抓住要害，想出办法，使供应方和需求方互动起来。

在产业社会中，工商企业的主导地位体现在承担创造顾客的社会责任上，体现在经理人对市场需求空间的不断拓展上。这不仅仅是在满足顾客需求或为顾客创造价值，还是在创造顾客，拓展市场空间，使生产供应和市场需求两者相互促进、同步发展，进而促进产业社会的健康发展。

企业战略的核心即发展产品

至今，我们依然处在产品经济时代，各个机构之间或各个企业之间，借助于需求方的市场，借助于市场交换的手段，互换各自的产品，互换各自的劳动，维持彼此的分工与分利关系，维持产业社会的正常运行。即便是提供服务的企业，也必须明确自己的服务产品，界定清楚服务的内涵和外延，以及相应的价值或价格。

离开了产品形态，处在分工状态的各个机构或各个企业，无法有效交换各自的劳动，也无法维持各个方面的分工和分利关系。

在这种产业社会的运行逻辑下，各个企业必须全力以赴把产品做好。将产品越做越好，发展产品就是企业的发展战略。退一步说，市场消费者并不在乎你是什么企业，在乎的是你生产什么产品，你能生产出什么好产品，以及产品能带来什么样的生活体验，等等。

与此相对应，企业应当集中精力发展产品，把企业的成长和发展聚焦在产品上，不断生产出更好的产品，去丰富消费者的生活体验。

当年亨利·福特就是这么干的，竭尽全力发展实用的 T 型汽车。然后用流水生产线来加工汽车，让生产汽车的工人也能买得起汽车，让汽车进入寻常百姓家，开创了大众消费汽车的时代。如果说福特有企业战略的话，那就是产品战略，就是发展产品的战略。一心一意、埋头苦干发展产品。

1908 年，美国汽车行业发生了两件大事。第一件大事是福特汽车公司推出 T 型汽车，一举打败其他所有汽车品牌。于是就有了第二件大事，杜兰特组建了通用汽车公司，用资本运作的杠杆，把那些被打败的公司整合了起来。

通用汽车公司经过十几年的煎熬，终于等来了翻身的机会，带领它翻身的领导人就是斯隆，这个机会就是市场消费者对汽车产品的需求升级。过去人们需要的是拥有一辆汽车的体验，或拥有私家车的体验，现在需要的是拥有一辆汽车带来的一种生活体验。人们的消费观念变了，汽车是改善物质生活和精神生活的一种手段，人们希望获得轻松愉快的驾车体验，而不是一种生活的累赘。

斯隆从入主通用汽车公司开始，就密切注意消费者使用汽车的感受，尤其是人们对福特汽车的感受。他了解到消费者的种种抱怨：发动机功率不足，上陡坡时经常熄火；三挡变速箱传动缓慢，还经常卡住；实心的橡胶轮胎毫无舒适感，遇到颠簸的路段，就像坐过山车一样；单调的车漆，只有黑色，人们往往在停车场找不到自己的汽车；汽车内饰毫无美感，车窗需要手动降落，等等。

斯隆很清楚，通用汽车公司的战略机会就在产品上，就在消费者对产品更新换代的需求上。现代营销教科书也是这么认为的。然而，亨利·福特一意孤行，无视消费者对产品需求的改变，坚持他自己的产品路线，当媒体提醒他改变一下汽车的外观和色彩的时候，亨利·福特说："我能生产任何颜色的轿车，问题是消费者需要的是黑色轿车。"后来福特也生产了其他颜色的轿车，但是为时已晚，通用汽车公司已得先机，引领了汽车消费的新时代。

在市场的转折期，斯隆不失时机，确立了发展产品的基本理念，即汽车越造越好，附件越来越好，革新越来越多，使汽车不仅仅是交通工具，并在产品发展上做了一系列重要的决策。

第一，研发高压缩比的发动机，提高发动机效率。

在 20 世纪早期，发动机的平均压缩比大约是 4 ∶ 1。斯隆下定决心研发高压缩比的发动机，最大的难题就是解决发动机的爆震问题，这一研发任务落在了通用汽车公司首席研究员凯特灵的身上。凯特灵带领助手小托马斯，经过 4 年的不断实验和测试，研发出新型燃料，即在汽油中添加四乙基铅，解决了发动机的爆震问题。遗憾的是，当时他们并没有注意到四乙基铅的毒性和沉积问题。不过，在 1963 年，科学家卡莱尔·C.帕特森发现了四乙基铅的毒性，并推动了无铅汽油的发展。

同时，通用汽车公司与新泽西标准石油公司合作，共同制定汽车的燃料标准，即燃料的辛烷值越高，抗爆性越好，标号就越高。斯隆为石油公司提供高压缩比的实验发动机，用以研发更高标号的燃料。在 20 世纪 20 年代初期，汽车加油站提供的商用汽油辛烷值标号是 50 号和 55 号，现在则增长到了 95 号甚至 98 号。

在企业内部，斯隆关注研发曲轴平衡器，并把它首次用于 1924 年的凯迪拉克发动机。截止到 1963 年，这种发动机已经在全世界范围内广泛使用。发动机的压缩比从 20 世纪 20 年代初期的 4 ∶ 1，提高到 10 ∶ 1，甚至更高。

第二，研发变速器，提高汽车的性能。

1920 年以后，通用汽车公司一直致力于变速器的研发，经过几年的努力，开发出自动变速器。1928 年，凯迪拉克把这项重要的开发成果投入生产。到了 1962 年，汽车行业的自动变速器总销量为 500 万台，其中大约 270 万台装配在了通用汽车公司的轿车上，成为美国汽车的主流配置，深受消费者喜爱。

第三，研发低压轮胎和悬挂系统，提高乘坐的舒适性。

20 世纪 20 年代初期，橡胶公司已经掌握了很多知识，包括制造方法、化学原理、橡胶的硫化以及材料的选择，等等，轮胎的性能变得越来越好。于是，通用汽车公司的工程师们开始考虑使用低压轮胎，因为低压轮胎更加轻柔、富有弹性。在开发低压轮胎的过程中，通用汽车公司的工程师们做出了重要贡献，即在不同的路况下进行了大量的测试。通用汽车公司的综合技术委员会，从一开始就和轮胎行业保持密切联系，在尺寸标准化以及轮胎的最佳类型、胎面和断面上进行合作。

另外，斯隆在一次海外旅行时，注意到了欧洲轿车采用的一项"独立前轮悬挂"新技术，于是就邀请法国工程师杜本内和劳斯莱斯工程师奥利加入通用汽车公司凯特灵团队，一同研发独立悬挂系统和舒适的座椅。1933 年 3 月，通用汽车公司综合技术委员会来到凯迪拉克事业部，试乘了两辆安装独立前轮悬挂和新款座椅的试验车。轿车从凯迪拉克工厂驶出不到两英里⊖，平稳的驾驶感受就令委员会的每个人激动不已。

不久之后，雪佛兰在 11 月纽约车展发布的 1934 年的年型车中，进一步改进了悬挂系统，并且造价更低，制造更便利，运行问题更少，很快被通用汽车公司所有的轿车采用。

第四，研发表面油漆，使轿车的外观更漂亮。

斯隆曾经说道："如果我们能开发出一种表面漆，它在各种天气情况下不褪色、不掉漆，那该是一件多么美妙的事情。优质、快干的表面漆能对我们的开发进度，以及与之相关的生产成本，产生革命性影响。"

⊖　1 英里 = 1 609.344m。

1920 年 7 月 4 日，杜邦实验室观察到了一个化学反应现象，促成了日后所称的"杜邦硝基漆"的开发。该实验室观察发现，硝基漆基料能在悬浮状态下产生更加明亮的颜色。后来，经过三年的试验和研发，应用在了新产品上。1921 年通用汽车公司的"油漆和面漆委员会"成立，1924 年，第一辆使用杜邦硝基漆的奥克兰"真蓝"轿车面市。

斯隆通过在产品研发上的种种努力，仅仅用了三年时间，就改变了竞争格局，开启了福特衰退、通用兴盛的一段历史。通用汽车公司的市场地位一路飙升，1921 年 21 万辆，市场份额 5%；1926 年 120 万辆，市场份额 40%；1940 年 180 万辆，市场份额 50%，美国汽车业排名：通用第一，克莱斯勒第二，福特第三。

～

人们时常被使命、愿景、战略这一类的说辞所迷惑，加上一些人喜欢追求"一举打败对手"的高端思维，于是企业战略就成了一门高深莫测的学问。

其实，企业的战略思维很简单，就是努力把产品做得更好，满足顾客不断提高的需求。顾客的需求会不断提高层次，产品的品质与性能也要不断提高档次。经过点点滴滴、锲而不舍的努力，企业自然就能活下来，就能活得更好，甚至超越对手。不妨看看丰田汽车发展的历程，丰田汽车没有那么多的高端思维和奇思妙想，就是一心一意发展产品。特斯拉的战略也没有什么玄妙之处，就是努力开发产品，让人尖叫而已。

"跑流程"和"泡流程"

企业创造价值的能力体现在流程上，经理人最重要的工作就是把流程跑通，称"跑流程"。流程跑通了，才有可能做事情。而经理人要想把事情做正确、做出有效的结果，就必须泡在流程之中，称泡流程。

跑流程和泡流程是一件事情的两个方面，说白了，经理人必须关注流程的畅通（跑流程），关注流程的有效性（泡流程）。

首先要把一项任务的流程分解成各个阶段，并确定各个阶段之间的节点或关键环节。其次要按照各个阶段配置资源，并把相关的事情落实到对应的部门和对应的责任人，及其相互关系上。最后是让流程跑起来，并不断优化，杜绝浪费，提高效率。

跑流程强调的是流程建设，这是经理人的重要工作，反映的是流程能做什么事情，能承担什么任务。

经理人必须想尽一切办法把流程跑通，把一项任务涉及的方方面面关系描述清楚。跑流程不是一件简单的事情，必须亲自到现场，去调整、改善和优化工作，尤其要对那些容易出错的环节和因素进行有效的控制。如果经理人不把精力放在跑流程上，甚至连流程都说不清楚，那么就容易犯官僚主义的毛病。

泡流程强调的是在流程上做事情，或者依靠流程去完成任务；强调的是有效地完成任务，当任务的内容或性质发生变化的时候，需要对流程做出相应的调整、改变或优化。经理人需要泡在流程中，去关注流程在承载任务时的有效性，并依靠自身的主观能动性，尤其是协调能力和推动能力，有效地完成任务。

20 世纪 20 年代，也就是 100 年前。通用汽车公司旗下各个品牌，每年都会推出一系列年度车型，又叫"年型车"，包括大轿车、双门小轿车、金属顶盖式汽车、旅行车、敞篷车。

在新车型推出前，通用汽车公司至少要回答两个问题。

第一，如何满足先进的工程和外观设计要求，并使各款车既保留明显区别，又能体现出整体共同的特征。

第二，如何在价格上有竞争力，在满足顾客需要的同时，彼此的价格还能够形成互补。

推出年型车的工程量巨大，通用汽车公司有数以千计的人参与其中。开发周期也不短，从最初决定开发，到出现在经销商的展厅里，大约需要两年时间。其中，车身外观每年都要变，花费的时间也最多。底盘虽然也会持续更新，但只会偶尔进行全面更换，花费的时间相对较少。

年型车开发的第一年，外观设计团队、轿车事业部以及车身供应商等相关团队，会在通用汽车公司工程政策组的组织下，专注于确立新车型的基本工程和外观特征。

第二年则是由轿车事业部、工程部、车身供应商费希博德（该机构于 1926 年成为通用汽车公司旗下事业部）等相关团队承担更多的责任，在这一年将专注于解决工程问题，以确保年型车能够顺利投产。

为了如期向市场推出各系列的年型车，通用汽车公司必须协调好参与到这个项目中的各个团队和各项任务。显然，这是件重要且复杂的事情。不过，通用汽车公司通过工程政策组控制时间进度，主要是在开发流程上设置若干必要的审批环节，来推动每一年年型车的交付。

工程政策组直接向执行委员会汇报，成员包括公司的董事长、总裁和总部的主要高管，主席由主管工程部的副总裁担任。

工程政策组的另一项重要职责是把控公司的宏观政策，因此成员中并不包括各轿车事业部总经理，以及车身供应商费希博德的总经理。这些事业部的总经理及首席工程师，经常会应邀参加由工程政策组召集的项目审议会议。

工程政策组承担着项目的推进责任，必须与外观设计部、工程部、轿车事业部、车身供应商保持紧密联系，并在每个关键环节组织项目审议会议。

当某个环节审议通过后，任务的担当机构和应用其成果的机构，就可以进行下一个环节或者阶段的工作。如果没通过审议，就需要相关的任务担当机构根据审议会议的意见和建议，如期做出修改和调整，以确保最迟的审批通过时限。

以年型车开发第一年外观设计部的工作为例，其主要工作是完成一系列的外观设计方案，包括制作座椅架和各阶段的各种模型。同时，还需要考虑外观和底盘部件的匹配。当外观通过审议后，外观设计部就需要与工程部紧密合作，推动外观车身与底盘部件的适配工作。

在这个过程中，外观设计部还必须与车身供应商紧密合作，完成不同车身、模具、夹具、固定装置等物料的成本估算和设计制造，最终制作出各系列新车外观的原型。

在外观设计部与车身供应商之间合作互动的过程中，轿车事业部也需要参与进去，针对具体细节展开工作，共同完成车身成型件、装饰件、仪表板，以及各车身前部、侧面和后部的设计方案。轿车事业部还要用手工制造的方式，打造出用于测试的实验底盘，并形成底盘的细节图纸，提供给车身供应商。

由此可见，流程就是企业的能力，经理人的职能就是跑流程。有了流程就可以做事情，在流程上做事情就是企业创造价值的过程。经理人进一步的职能就是泡流程，围绕着具体的任务，密切关注流程的正常运行，确保流程的有序、合理和高效。一句话，经理人的工作必须贴近价值创造流程。

与"计划"相比，"流程"更基础。没有流程作为基础，计划很难落到实处，时间进度很难保证，财务预算很难落实。如果把经理人的工作或管理人员的工作简单理解为计划，理解为在办公室里做计划，那是有问题的，似乎离企业价值创造的过程远了不止一点。

从容应对经济危机的制胜举措

企业在遇到经济危机的时候，必然会采取相应的举措。举措得当就能度过危机，反之，举措失当就会陷入灭顶之灾。

当经济危机来临时，企业不知道应该采取什么样的措施，更不知道什么样的举措是正确的。就像一个人一样，通常都是应激反应，都是临时性的应对，比如开源节流，减少开支，杜绝浪费，提高效率，提高盈利能力，等等。也许这些应急措施是必要的，属于没有办法的办法，但这些应急措施会引发一系列深层次的问题，使企业形不成内在统一的力量去应对外在的危机。

对企业而言，危机是客观存在的。摆脱危机最终依靠的是企业内在的力量，防止内在力量的涣散是关键。

1929 年，美国历史上历时 4 年之久的经济大萧条拉开了序幕。10 月 4 日，斯隆在公司的一篇通稿中指出："我认为现在或至少是短期内，我们有必要集中精力，通过提高工作有效性和削减费用的手段来提升盈利能力。同时，在适当价位上提供优质产品，尤其要在工程理念上与时俱进，获取更大的成就。此外，业务的年增长率不可能维持过去几年的水平，我们必须更加密切地关注整个行业的总体发展趋势。未来每个事业部和下属机构都应该着重思考一下，如何把精力从之前的持续扩张转向节约化经营，这是最具挑战性的一项任务。

"基于上述想法，我们对新项目的审核将比以前更加审慎，对举证责任的规范将更加明确。按照现在的组织形式，副总裁威尔逊负责对递交上来的新项目进行初审。各事业部和下属机构如果打算扩张，或者觉得有这样的必要性，建议在此之前先向威尔逊咨询。当然，上述建议不会对已批准的项目造成影响，这些项目仍将增添或者更换必要的生产设备，以保证正常运转。"

在一系列临时性应对举措实施过程中，通用汽车公司内部出现了行政化的集权倾向，这引起了斯隆的警觉。他强调，为了更好地应对外在的经济危机，公司内部必须要有更多的协同，绝不能让高层管理者对各个事业部指手画脚，抑制事业部的主动性、创造性和协同意识。

1931年6月，斯隆成立若干个顾问小组，强调顾问小组承担集团高管的顾问工作，其目的是全力收集广泛的事实和观点，以确保提交给运营委员会的建议以及运营政策审议前后的决策具有充分的建设性和权威性。

顾问小组的成立很好地解决了总部高层管理者和各事业部，以及各个职能部门之间的沟通与协调问题，让它们齐心协力应对外部的经济危机，确保通用汽车公司能够在危机中生存下来。

在经济谷底时期的1932年，虽然通用汽车公司在美国和加拿大工厂的轿车和卡车销量跌幅巨大，但与整个行业相比，整个公司的总体销量情况相对较好。市场份额从1929年的34%，提高到了1932年的38%；利润虽然从1929年的大约2.48亿美元，下降到了1932年的16.5万美元，但仍有盈余，要知道这一年通用汽车公司的产能利用率不足30%。

为了节约成本，通用汽车公司加强了采购、设计、生产和销售之间的协同，有些协同具有长期价值。拿采购和生产来说，通用汽车公司对部件进行了更加精细的分类，提高了它在事业部之间的可替换程度，其中最重要的是将车身简化成了三种基本的标准类型。

最难省下的是商务和销售费用，对此通用汽车公司采取了重组措施。1932 年 3 月，运营委员会决定整合雪佛兰和庞蒂亚克的制造业务，对别克和奥兹莫比尔（原奥兹）也采取了类似的整合措施。在销售端，别克、奥兹莫比尔和庞蒂亚克的销售工作被整合到新成立的销售公司BOP（三个品牌的首字母）旗下。在一年半的时间里，汽车事业部从五个减少到了三个。

对此，斯隆进行了以下反思。

1. 通用汽车公司的这些管理举措，是否对外部不景气的环境做出了恰当的响应？

2. 通用汽车公司的组织结构是否可以自如地收缩和扩张？

3. 公司能否在有效协同的基础上继续保持政策上的引导，而不是行政上的干预？

4. 在不景气的经济环境下，如果恢复之前的五个事业部的话，那么应该如何协调各品牌之间的关系？

经过深入反思，1933 年 11 月，斯隆提出了自己的观点："我觉得对现阶段的通用汽车公司来说，解决整体组织问题有特别重要的意义，这并非只是从业务规模的考量出发，而是从公司的业务性质必须服从某种要求出发，这种要求就是快速响应变化。我敢说，比较其他多数行业，汽车行业中各个单元放任自流的现象要少得多，自然由此引起的失效和浪费也少得多。我们要取得成功，或者说要想保持现有的市场地位，就必须制定一项政策。这样我们就可以预测，各事业部面对的哪些外部情况值得关注，这些情况正在发生哪些快速变化，以及今后还将怎样变化，从而就能采取足够快速的行动应对变化。如果我们不能充分运用智慧解决这个问题，那么不管我们的管理系统有多强大，我们的发展机会都会受限。我还要说的一点是，今后我们必须依靠政策，更加积极地面对趋势性的市场变化，做好政策制定的工作，而不是像过去那样，遇到问题时，再花很多时间来决定应该做些什么。"

据此，斯隆重申执行委员会的唯一职责就是政策制定，并依靠政策的引导，坦诚而积极地处理各事业部的问题，协调好各事业部之间的关系。

为了尽量做好这一点，斯隆认为执行委员会应该由公司的高管组成，不应该包含事业部的高管。为了让执行委员会制定的政策具有权威性，必须采取一些方法和手段，让执行委员会成员能够接触到问题，从而能对这些问题做出明智而独立的判断。

在应对经济危机的过程中，斯隆经过深入反思，坚信以往的组织方式是正确的，即在各事业部自主经营的基础上，依靠政策引导各事业部展开协同、争夺市场，并确信1921年所制定的产品政策及其做法也是正确的。接下来要弄清楚的是市场长期变化的趋势，从而确定通用汽车公司的长期发展战略方向，确定与此相对应的产品政策。

1933年，低档轿车在行业销量中的份额达到73%，1926年是52%。而通用汽车公司有四条产品线分布在27%的非低档轿车市场中，只有一条产品线在 73% 的低档轿车市场中。

财务委员会主席布朗从节约成本的角度考虑，倾向于保留三个事业部，而斯隆倾向于五个事业部。斯隆认为尽管这样会带来成本的增加，但是可以提高销量。

1934 年 1 月，斯隆给了布朗领导的财务委员会一份报告——《通用汽车轿车产品计划的基本构想》，指出过去 13 年里，市场激烈竞争的演化和轿车的价值已经开始围绕某些因素聚拢，比如外观或者样式、技术性能、价格和声誉，等等。具言之：

第一，人们喜欢差异化的东西。任何一款轿车的设计都是艺术和工程技术的结合，没有哪辆车的特色能够讨所有人喜欢。

第二，消费者的喜好还跟他与经销商的个人关系有关，有的时候无论原因是否合理，消费者都会不太喜欢某个经销商。

斯隆很清楚，合并事业部，减少费用开支，不是未来出路。通用汽车公司的未来战略发展方向，应该是在产品多样化的基础上，实现规模化量产量销。他认为，从工程和生产的角度来说，完全有可能生产这样两款轿车：它们在价格和重量上差别不是很大，但是在外观上有很大的区别，在一些技术性能上也有一些差异，同时它们在一定程度上可以使用相同的基础工具设备来制造。

随后，斯隆又写了一份产品政策方面的声明，进一步丰富了发展战略的思想："我认为，既然汽车销量日益向低端市场集中，且可能会达到80% ～ 90%，我们在这个领域就不能只有一款产品。而不管产品是什么，我们都必须深思如何充分包容核心设计元素之间的差异性，以吸引尽可能多的受众。在增长潜力看好的市场上，必然有很多经销商拿着相同的产品，在同一领域相互竞争。我认为更好的政策是限制销售相同产品的经销商数量，通过推出不同的产品来增加市场界面，而不是走其他的路。

"基于以上原因，我个人认为，执行委员会多年前制定的政策应该进行全面修订，鉴于汽车销量越来越向低价领域集中，在低价市场上拓展品类将成为公司的发展大计，但当我们这样做的时候最重要的思考是如何让这些增加的品类最大程度地满足多样性的消费诉求，让消费者最大程度地接受我们的产品。"

这份声明呼吁公司保持轿车的多样性，建议把事业部的产品销售从拥挤的价格区间中解放出来，而这些都需要新的协调方式。协调工作做得越多，就会在政策中理出越多的问题，这样政策和管理之间的界限也会越来越清晰。

比如，当两个或两个以上事业部采用了相同部件时，那么事业部的独立性必须建立在拥有部件共用方案的基础上。这样必须有人来对这个方案进行协同，随着协同流程的展开，有更多原本属于管理范畴的问题进入政策领域。

1934年10月，斯隆给执行委员会提出建议：政策或来自总部权威，或来自运营事业部及下属机构。政策的最终决定权或审批权完全归属于总部的管辖范围，并由一个治理委员会来行使权力。无论政策的提出方是谁，审批方务必对政策方案进行全面了解，包括它对公司当前业务和未来市场地位的影响。如果这项政策会产生重要影响，比如涉及通用汽车的运营，那就有必要集思广益，从尽可能多的角度搜集事实和观点，以验证基本的想法、事实和方法。一旦政策审批流于形式，就会危及公司的市场地位，或者阻碍业务进程。

　　从斯隆应对经济危机的实践中我们可以学到很多知识与经验，毫无疑问，争取活下来是第一位的。但是更重要的是企业要有发展战略，且集中体现在产品政策上，依靠产品政策的引导，使企业内部的资源和力量集聚起来，在摆脱经济危机的同时，不断提高企业创造价值的能力。企业不能就事论事，简单应对，而要着眼于长期，使现实的事情做得具有未来意义。

在成败关键上不拘一格网罗人才

很多企业都希望网罗人才，都知道人才对企业发展的价值和意义。但由于不知道什么是人才，什么是企业需要的人才，更不知道如何引进人才，结果在引进人才上成效甚微。大家都知道"萧何月下追韩信"的故事，萧何知道刘邦有千军万马，但缺少韩信这样能够统领千军的将军。萧何更知道千军易得，一将难求，必须不辞辛苦。

换言之，企业必须知道什么事情是企业成败的关键，在关乎成败的关键事情上需要什么人才。企业要是不知道什么是成败的关键事项，关键事项的成败需要什么样的顶尖人才，必然在引进人才上似是而非，没有功效，花钱折腾人。企业在关键事情上屡屡受挫，必须想到原因是缺少顶尖的人才，缺少做成这件事情的顶尖人才。企业必须竭尽全力去把这样的人才找出来，为决定企业成败的关键事项做贡献。

很遗憾，很多企业在这件事情上都做错了，只是引进了一大堆高素质的普通人，充实各专业职能部门而已。可以说，这些人没有明确的目标与任务，也没有具体而重大的事情要做。

早在 1921 年，通用汽车公司在制定产品政策的时候就已经意识到，外观设计对于销售具有非常重要的意义。1926 年，当封闭式轿车成为市场主流的时候，总裁斯隆开始着手解决外观设计中的实际问题，说白了，就是外观造型与车辆底盘两者没有匹配，很不协调，既不美观也不安全。

以 1926 年的封闭式轿车为例，车身高达 70～75 英寸，宽度却只有 65～71 英寸，车身很窄。随着发动机效率的提高，轿车的行驶速度也越来越快，轿车的重心很不稳，非常危险。

斯隆认为，车身外观与底盘不匹配的原因是，两者没有经过有效整合，尤其没有经过整体的外观设计。可以说，这是通用汽车公司价值创造系统中缺少的一个功能——整体工程设计的功能。随着市场需求的个性化和多样化趋势越来越明显，引进人才构建外观设计的功能，成为决定通用汽车公司未来成败的关键事项。

当时，通用汽车公司的轿车事业部把底盘作为一个独立单元进行设计和生产，包括前罩板、挡泥板、踏板和发动机罩。车身由费希博德进行设计和生产，包括车门、车窗、座椅和车顶。接下来，再由事业部把车身安装在底盘上。

1926 年 7 月，斯隆给别克总经理巴塞特一封信，谈了自己的看法："我给自己的第一辆凯迪拉克轿车换上了小型钢丝轮，以便能让轿车更贴近地面。我作为汽车从业者一直不理解，既然这件事情对于提升轿车的外观帮助很大，为什么我们似乎不愿意做。克莱斯勒在推出它的第一款轿车的时候，显然充分利用了这一点，而且我认为它的成功有很大一部分原因，是他做了这件事。慢慢地，我们肯定也会降低我们的轿车离地面的高度，这在某种程度上当然属于机械特征范畴，但它也跟轿车的外观有关。

"我相信我们都意识到了外观与销售的关系有多大，当所有轿车的机械性能都不错的时候，外观就成了决定性的诉求，并且由于我们的产品非常强调个性魅力，因此外观对我们未来业务的繁荣也有着巨大的影响。

"谈到我们的车身设计，我相信我们对费希博德车身的质量、精湛工艺和结构等方面都非常认可。尽管如此,有些问题还是存在的,从设计美学、线条和谐度、色彩方案以及设备的整体轮廓来看,我们的水平能跟我们在工艺和其他机械化领域达到的水平媲美吗?这是我要提出的问题,并且我认为这是一个根本性的问题。"

只有当企业中的关键人物意识到成败的关键是什么,意识到决定企业未来成败的关键事项是什么的时候,引进顶尖级人才的需求才会产生。也就是说,在 1926 年的时候,斯隆已经知道要做什么事情了,已经知道什么事情才是决定公司未来成败的关键。

也就是在这个时候,凯迪拉克总经理劳伦斯·费希尔跟斯隆一样,也意识到外观的重要性。他在走访一些经销商的时候,发现有一个叫唐·李的经销商除了汽车销售业务外,还有一个定制车身的生产车间,生产的车身在外国轿车和美国轿车的底盘上都可以装载,是专门为好莱坞影星和加利福尼亚州的有钱人生产的。费希尔对这些轿车的外观印象深刻,并走访了定制车身的生产车间。在那里,他遇到了年轻的首席设计师兼车间负责人哈利·厄尔,一个天才级的车身设计工程师。

厄尔是个马车制造商的儿子,曾在斯坦福大学学习,并在他父亲的马车生产车间里接受过培训。他的做事方式是费希尔此前从未见过的,即用黏土来制成各种汽车元件,并设计整车,包括塑造车身、发动机罩、挡泥板、前车灯和踏板的造型,然后组装成好看的整车,最后把车架切开,插入一块板材,增加轴距,同时加长与调低车身。这种定制化的独特的车身设计，深受许多著名影星的喜爱。

　　费希尔很欣赏厄尔的才华，力邀他加入凯迪拉克事业部与其共事，设计一款质量上跟凯迪拉克齐平，但售价更低的轿车，并希望通过量产的方式，做出和当时定制轿车一样美观的汽车。

　　1926 年初，厄尔接受了一份特殊的聘用协议，开始担任费希尔和凯迪拉克事业部的顾问。他和凯迪拉克车身工程师一起设计新轿车，这款轿车取名为拉塞勒（LaSalle），1927 年 3 月首次亮相时就引起了轰动，成为美国汽车历史上意义非凡的一部轿车，拉塞勒是第一辆以量产方式取得成功的时尚轿车。

　　厄尔的工作给斯隆留下了深刻的印象，他认为厄尔的才华应该在其他轿车事业部中也能派上用场。1927 年 6 月 23 日，斯隆提交给执行委员会一份计划，建议成立一个特别部门，来研究通用汽车的艺术和色彩组合问题，并邀请厄尔领导这个新的参谋部门，当时起名"艺术色彩处"。

　　这个部门由 50 人组成，其中 10 人是设计师，其余是车间工人、事务人员和行政助理。厄尔的职责是指导整体的车身设计，并针对一些特别轿车的设计进行研发。艺术色彩处的经费是通过费希博德车身事业部来划拨的，但它隶属于总部，在斯隆的麾下。

　　新的部门成立了，斯隆认为首先要解决的问题是，如何让事业部接受这样一个新部门，于是他把厄尔纳入自己所管辖的参谋部，并和凯迪拉克事业部总经理费希尔全力支持厄尔的工作。

　　斯隆认为，厄尔的新部门要解决的第一问题是，按计划召集设计师。当时汽车行业里的外观设计师数量很少，也不是吸引人的职业。

在艺术色彩处成立不久之后，费希尔和厄尔去欧洲出差，学习欧洲的轿车设计，当时很多欧洲轿车在外观和机械性能上比美国轿车要好。

斯隆突然想到，新部门可以通过聘请外国设计师来提高实力。1927年9月9日，他给正在出差的费希尔写了一封信，建议他考虑这种可能性："既然您和哈利·厄尔都在国外出差，我建议你们不妨跟那些在艺术色彩领域有想法的人试着联系一下。我认为未来我们要解决的一个大问题，就是让我们的轿车彼此之间具有差异，并且年年都要有不同。当然哈利·厄尔在这方面有非凡的才华，但我们也必须认识到我们事业的巨大潜力和运营规模，我们需要竭尽所能地网罗更多人才。"

从此，厄尔不时将欧洲的轿车设计师邀请到他在底特律的工作室，并花了数年时间建起了一所美国轿车设计师学校。

尽管市场对1927年发布的拉塞勒轿车很快就认可了，但公司内部对新成立的艺术色彩处接受得比较慢。外观设计师作为变化的倡导者，难免会让生产部门和工程部门的管理者感到不安。销售处也有他们的担心，认为"如果我们的艺术色彩部门是由某个个体来主导的话，可能导致未来我们的轿车看起来都差不多"。

斯隆对此的回复是："新机构或艺术色彩处（后更名为"外观设计部"）的具体工作以及计划还没有完全定下来，但就我的想法而言，我希望尽我所能来建立一个具有艺术设计能力的组织，虽然从运营角度看，这个组织由一个人来负责，但在组织内部还有很多个体设计师，足以产生多样化的创意。以前，个体不知道保持事物的差异性有多重要。厄尔对这个问题非常清楚，他知道自己不可能每年对八九条产品线的轿车做出设计改动，同时还要让它们持续变得更好、更有艺术美感且各不相同，至少凭他自己无法做到这一点。我们还考虑将色彩和装饰设计纳入这个部门的任务。"

　　销量才是最终决定艺术色彩处能否获得认可的关键因素，轿车市场给出的信号很明确，外观带来了销量增长，凯迪拉克通过色彩设计取得了好业绩，其他产品线的轿车这样做后，业绩也很好。有意思的是，通用汽车公司成立艺术色彩处是在 1927 年，也就是福特 T 型轿车接近停产的那一年。可以说，通用汽车外观设计的"粉墨登场"，意味着旧时代的终结和新时代的开始。

　　1927 年 9 月 26 日，斯隆给费希博德的时任总裁威廉·费希尔写信说："市场对未来通用汽车的衡量将由车身的吸引力来决定，包括陈设的奢华程度，外形和色彩上的视觉吸引力，以及与竞争对手的差异化程度。"

　　渐渐地，公司内部对于如何发挥艺术色彩处（有时管它叫"美容院"）的作用，不再心存疑虑。艺术色彩处接到的第一份来自凯迪拉克事业部之外的任务，是为亨特负责的 1928 年雪佛兰年型车做"整容"，亨特对于艺术色彩处在公司内部威信的建立帮助也很大。

　　艺术色彩处也有失败的时候，这就是 1929 年的别克年型车，被大众讥讽为"怀孕的别克"，销量不佳，没有得到消费者的青睐，说明这种喜好和特定的时期有关，和突变式设计比起来，大众通常更容易接受渐变式设计。

在很长一段时间里，艺术色彩处吸引着费希博德车身事业部和各轿车事业部的高管们，他们和设计师、工程师、木工、黏土模型师在一起热烈讨论、侃侃而谈，不时对黑板上的设计方案进行比较和指点，在艺术色彩处的展厅里流连忘返。随着时间的推移，越来越多的想法变得可行起来。此外，新机构还聘请女性担任汽车设计师，以表达出女性的观点和主张，这也开创了汽车行业的先例。

接下来，斯隆又给厄尔的部门提出了新的要求——确定轿车外观设计的发展主线，明确汽车外观设计的演化路径。这样今后的小改动就可以按照年型车的要求，年复一年地进行，也使消费者能逐步适应外观设计的变化，就能避免犯1929年别克年型车那样的错误。

在20世纪30年代，艺术色彩处改名为"外观设计部"，创造了汽车行业的很多个"第一"。

1940年9月，斯隆任命厄尔为公司的副总裁，这项任命也彰显出外观设计的重要性。他是第一位有如此头衔的外观设计师，放眼当时其他重要行业，他也是首位担任副总裁的设计师。

通用汽车是美国汽车行业第一个成立外观设计部的公司，并且在很长时间里是汽车行业中唯一的一家。

从斯隆的实践中我们可以看到，"引进什么人来做什么事情"是引进人才的起点。企业必须明确走向未来成功的关键是什么，然后竭尽全力去发现并引进天才级的领军人物，创造条件帮助领军人物发育团队，并使团队创造性地完成任务，为企业打开通向未来的大门。

第 5 章

经销商是客户
还是合作伙伴

构建信用关系的金融创新举措

市场供求关系的本质是"信用关系",一般而言,需求方如经销商与消费者的信用是由货币支撑的,而供应方即生产企业的信用是由企业自己提供的。供求双方有了各自的信用,就有了商品的买卖。

企业为了提高自己的信用,往往需要花很大的代价,给自己的产品做信用背书,使市场的需求发生在自己的产品上,比如做广告、搞促销、创品牌,等等。毫无疑问,这些都会计入企业的成本费用,最终都要找到分摊的方法和出路,否则就会转嫁到消费者身上。

通用汽车公司的杜兰特是个高手,是个资本运作的高手,但不是治理企业与经营企业的高手。他别出心裁地想到了用金融的手段,来构建企业与经销商乃至消费者之间的信用关系,这样可以提高消费者的支付能力,而货币的信用是由国家背书的,是可靠的。

这样做实际上就是依靠企业的力量,来刺激消费者的需求,拉动经济的发展。在这里不得不说德鲁克很了不起,他认为当今产业社会最基本的特征是"机构型社会和员工型社会"。说白了,就是工商企业主导着产业社会的发展,而每个社会成员都是各类机构尤其是工商企业中的员工。只有工商企业正常运行起来了,并且每个员工都能有正常的收入,产业社会才能正常运行起来。顺便指出,这与经济学家凯恩斯强调的积极的财政政策和货币政策以及国家干预是两回事。这里的根本区别在于,工商企业应用金融手段构建的是市场信用关系体系,能够激发产业价值链各个环节的经济行为及其联动,产生凯恩斯设想的经济上乘数效应。

1918年,通用汽车公司当时的当家人杜兰特认为,汽车经销商销售能力的提升以及通用汽车公司产品质量的提高，带来了通用汽车公司销售业务量的增长。而随着市场对于汽车产品需求的持续提升，特别是对轿车和商用车需求的提升，汽车经销商和消费者的融资需求就出现了。

当时全国性的消费金融服务还没有出现，银行机构在解决融资问题上缺乏灵活性。汽车经销商在销售旺季最需要资金周转的时刻，很难获得银行贷款，并且汽车制造商还要求经销商款到发货，而经销商没有那么多钱来支撑库存，更不要说满足消费者的分期付款要求了。这样一来，一些经销商受限于资金不足，这又反过来影响了汽车制造商的市场扩张。

同年，原杜邦公司的天才财务负责人拉斯科布成为通用汽车公司的财务委员会主席，在杜兰特的支持下，他主导创建了"通用汽车金融服务公司"。

1919年3月，通用汽车公司注册了通用汽车金融服务公司，向通用汽车公司的经销商们提供了一套切实可行的方案，协助经销商筹措库存汽车所需的资金，帮助通用汽车公司的经销商实现业务的全面发展，同时也向消费者提供消费信贷，使消费者得以在购买新车时，不必一次性付清车辆全款，这大大刺激了通用汽车公司的终端销售，极大地满足了经销商和消费者的客观需求。

通用汽车金融服务公司的方案，具体是为批发交易和零售交易提供融资计划。

第一，批发融资计划，是针对经销商提供的融资计划，经销商可以在信托收据或其他担保条件下，贮备通用汽车公司的产品。经销商在承担相应付款义务的情况下，就拥有了产品的经销权，进而可以从事零售活动。如果经销商未能按照要求承担付款义务，或者违反了协议中规定的其他条款和要求，那么通用汽车金融服务公司有权收回产品。

第二，零售信贷计划，也被称为通用汽车金融服务公司的分期付款计划，它是在消费者和经销商达成事先拟定的"零售分期销售协议"（以下简称"协议"）后，由通用汽车金融服务公司从经销商那里购买。但通用汽车金融服务公司并没有义务购买经销商提交的每份协议，而经销商也没有义务把协议的购买权都交给通用汽车金融服务公司，交易双方都是自愿的。

通用汽车金融服务公司有权拒绝它不愿承担的风险。经销商也可以把协议卖给对自己有利的买家。如果经销商把协议提交给了通用汽车金融服务公司，并且所有信贷因素令人满意的话，通用汽车金融服务公司就会购买这份协议。接下来会由通用汽车金融服务公司而非经销商负责直接向客户收取车款。

由于通用汽车金融服务公司的业务不是一项封闭性业务，通用汽车公司的经销商可以自由选择任何金融服务，对其零售顾客来说也是如此。也就是说，通用汽车金融服务公司与银行、其他销售金融公司、信用合作社以及当地的信贷机构等，形成了竞争关系。

通用汽车金融服务公司通过信贷降低消费者在购车时的门槛，在保护车型价格体系的前提下，获得了比竞争公司车型更好的市场销售成果，而信贷本身也可以通过信贷利差获得相应的利润，进而提升了通用汽车公司整体的市场占有率和利润率。这些措施都极大地推动了通用汽车公司的持续高速发展。

在通用汽车金融服务公司大获成功之后，美国的银行终于认识到了开展汽车消费金融业务的必要性，开始加紧脚步推行各自的汽车消费金融业务，为购车用户提供购车分期服务。

通用汽车金融服务公司的分期付款业务，使汽车产品在1920年以后的美国得到迅速普及，也使汽车由奢侈品转变为一般大众的必需消费品。

从这里我们就可以清楚地看到工商企业是如何利用金融手段构建市场信用体系的，这不仅刺激了市场需求，还促进了企业自身的发展。更重要的是工商企业有能力建立专门的金融服务公司，精准放贷，有效回收贷款，从而有效地维护了市场的信用关系体系。可以说，离开了工商企业驾驭市场信用关系的能力，这一切都是不可能做到的。

在这个过程中，通用汽车公司的金融业务也得到了很大的发展，打破了金融业的垄断格局。有一句话说得很好，垄断一定会抑制竞争，而抑制竞争的必然结果就是抑制创新，这对产业社会的持续发展和正常运行没有好处。

后来，通用汽车金融服务公司的融资能力和盈利能力不断提升，业务的开展面也越来越宽，包括抵押融资和公司对公司的借贷，等等。

值得一提的是，通用汽车金融服务公司作为行业领导者，一直反对收取过高的利息，且不鼓励过低的首付比例，并把付款期限保持在合理范围。它认为如果还款期限过长、首付比例过低，就会导致消费者增加不必要的信贷成本。

通用汽车金融服务公司提供的这些与汽车相关的业务，为顾客、经销商和通用汽车公司本身带来了显而易见的好处。经济学教授塞利格曼在《分期付款销售经济学》中给予了肯定，认为："分期付款的信贷方式不仅增强了个人的存款动机，而且提高了他们的存款能力。

不但促进消费需求的提前，还通过经济的往来增强了实际购买力，使
企业的生产稳中有升，信贷业务的收益所得超过了融资成本。"

　　在这个过程中，通用汽车金融服务公司很好地承担了通用汽车公
司推行的"销售四原则"中"分期付款"的任务与责任。

　　从 1919 年到 1963 年，通用汽车金融服务公司为分销商和零售商
提供了超过 4 300 万辆新轿车以及其他产品的销售的融资。与此同时，
还为消费者提供了超过 4 600 万辆轿车的零售信贷，其中 2 100 万辆
是新车，2 500 万辆是二手车。

　　在信贷消费的刺激下，1927 年通用汽车公司的市场占有率超越福
特汽车公司，成为美国第一大汽车制造商。4 年后，通用汽车公司成
为世界第一大汽车制造商。

　　伴随着这个过程，通用汽车金融服务公司也迅速发展起来了，一
度成为世界上最大的汽车消费信贷公司，在 40 多个国家和地区设有
分公司，有近 3 万名员工，拥有 800 多万客户，并且一直保持着强劲
的发展势头，成为通用汽车公司很重要的一个业务板块。

　　根据美国《商业周刊》的报道，2003 年，通用汽车公司的总利润
中有七成来源于通用汽车金融服务公司。2008 年，通用汽车金融服务
公司还荣登《财富》全球企业 500 强排行榜，排名 244 名。

　　工商企业是实物交易的主体，它们利用金融手段或通过创办金融
服务公司，能够更精准地构建市场信用关系体系，并且更有效地维护
市场信用关系体系，从而使市场消费和企业发展之间构建良性的循
环，有利于产业社会的正常运行和健康发展。这对于我们现在的金融
公司和工商企业都是一种有益的启示。

重新定义经销商的身份为合作伙伴

经销商是客户，还是合作伙伴？这是很多企业至今没有搞清楚的事情。如果把经销商看作"客户"，那么生产企业和经销商之间就是交易关系，就是产品的买卖关系。如果把经销商看作"合作伙伴"，那么生产企业和经销商之间就是分工与合作关系，就有可能依靠组织与管理的手段，构建"一体化运营"的关系，就能使企业的影响力和支配力延伸到分销和零售环节，提高产品进入市场、进入消费领域的速度与效率。

100多年前，在1900年前后，美孚就是这样打开了中国的市场，打败了所有的竞争对手。后来，1932年，克拉克和韦尔达写了本书——《美国农产品营销》，谈的也是这件事情。但是社会上很少有人知道这件事情，很少有人知道要把经销商与零售商当作生产企业的合作伙伴。

1920年以后，斯隆开始负责通用汽车公司的运营工作，那个时候他也不知道要把经销商当作合作伙伴，他脑子里只有一件事情——如何打败福特汽车公司，扭转市场竞争的格局。于是他就下到市场，寻找让通用汽车公司翻身的机会。

有一点斯隆是清楚的，福特汽车公司已经把生产领域变成了强有力的竞争武器，而亨利·福特本人整天穿着工装待在生产线，根本没有可能在这方面超越福特汽车公司。用现在的话来说，照搬照抄、简单模仿，是不会成功的。只能在流通领域与交换领域寻找机会，利用市场的力量，扭转通用汽车公司的颓势。可以说这也是一种思维方式，一种反其道而行之的思维方式。

　　斯隆确信，市场一定是有机会的，市场的力量一定存在于通用汽车公司与经销商的关系之中。他那独特的工程师思维，以及对企业经营业务系统的组织化思考，很容易感知到经销组织的混乱、无序和失效。当然他还不知道如何让经销组织变得有序、合理、高效，变成能为通用汽车公司所用的市场力量。自然的选择就是下决心到市场上去，去找经销商。

　　斯隆把一节火车车厢变成自己的办公室，走走停停，遍访经销商。每到一站就停下来，专用车厢就停靠在火车站，每天要登门拜访 5 ～ 10 个经销商，几天后，该地的调研工作结束，再挂上别的列车继续上路。这项调研工作持续进行了一年，拜访了全美上千个经销商。主要内容是寻求经销商的建议和意见，包括通用汽车公司与经销商的关系、通用汽车的优缺点、在经销商政策方面的问题、未来市场竞争以及消费者需求的趋势，等等。

　　斯隆走访市场后最重要的发现是，供求关系已经发生逆转，消费者主导市场的地位正在逐渐强化，这意味着消费者有了更多的话语权。面向未来，经销商的地位和作用将变得不可忽视。尤其是经销商与消费者直接对接，它们往往以“邻居”的身份拜访消费者，完成车辆的交易，并提供售后服务。所以，经销商的形象与能力，是通用汽车公司未来掌控市场的基础和根本。

　　斯隆认识到，眼下通用汽车公司与经销商的关系比较松散，只是签署一份有条件限制的销售协议，界定彼此的基本责任与权力。比如，要求经销商有展厅、资金、场地、销售人员以及服务规范，等等。而公司也只是承诺通过“特许经销商”这一种渠道销售汽车。另外就是对特许经销商的支持，主要是广告、宣传和推广方面的活动，还有指导和帮助经销商做好运营，提供专业方面的培训，等等。

斯隆意识到，通用汽车公司与经销商之间的关系可以变得更加紧密，应该加强对经销商的扶持，把经销商变成通用汽车公司的合作伙伴。之后的若干年，斯隆成立了财务公司、经销商顾问委员会以及金融控股公司，逐渐加强对经销商组织的扶持，形成了强大而统一的经销网络体系，有效地扼制了福特汽车公司发展的势头。最重要的是经销商被组织起来了，它们的热情和能量被激发出来了，可以成为通用汽车公司生存竞争的市场力量。

1776 年，亚当·斯密出版了《国富论》，人类社会懂得了依靠分工来提高劳动生产率，提高创造物质财富的效率。亚当·斯密讲了一个故事：有一个工厂，把生产大头针的过程分成 18 道工序，安排 10 个工人分担，每天能生产 48 000 枚大头针，人均 4 800 枚大头针。而在过去，在分工以前，每个工人独自完成每一枚大头针的生产全过程，一天生产不了 20 枚大头针。简单分工之后，劳动生产率提高到原来的 240 倍。从此，企业内部的劳动分工不断深化，同时，企业之间的社会分工也同步深化。

分工之后必须形成一个整体，这就是亚当·斯密强调的，依靠"看不见的手"，依靠市场协调的手段，形成企业之间社会分工之后的一体化。企业内部只能依靠"看得见的手"，依靠管理协调的手段，形成劳动者之间劳动分工之后的一体化。

后来，钱德勒写了一本传世之作——《看得见的手：美国企业的管理革命》，修正了亚当·斯密的理论，强调美国大公司的崛起路径是，通过管理协调的手段，构建社会分工基础上的一体化关系，从而提高整体运营的效率和速度。

钱德勒是斯隆《我在通用汽车的岁月》写作班子成员，他非常清楚斯隆是如何把经销商当作合作伙伴组织起来的。

现代工商企业能够成为主导产业社会的核心力量，就是因为工商企业中的职业经理人懂得用管理协调的手段，把外部的利益相关者组织起来，形成一体化运营的关系体系，以更快的速度和更高的效率创造更多的物质财富。说白了，管理使创造财富的速度和效率提高了。

那么管理的功效究竟体现在哪里呢？体现在分工与组织上，在企业内部，体现在构建劳动分工基础上的一体化关系体系上；在企业外部，体现在构建社会分工基础上的一体化关系体系上。

大力扶持经销商的系列创新举措

在扶持经销商的过程中，会遇到各种错综复杂的问题，迫使企业调动各种资源去综合解决问题。扶持经销商的过程就是提高企业自身经营能力、创造更大经济成果的过程。在德鲁克看来，创新和营销是企业创造价值的两项职能。在扶持经销商这件事情上，"创新"就是调动更多的经营资源，用经济的方式解决问题，谋求企业与经销商的共同成长。

创新不能作为一个独立的目标而被单独追求。创新成果的大小取决于当事人思维的深度和广度，取决于当事人在寻求解决问题方法时所表现出来的思维能力。毫无疑问，这种能力是在各种事情中历练出来的。

斯隆最初想到的，并不是如何去帮助或帮扶经销商，而是希望经销商能配合通用汽车公司每年推出新车，即"年型车"，这是通用汽车公司的市场竞争策略，即"销售四原则"：通过年年换代，来配合旧车折价、分期付款以及封闭式轿车，刺激市场消费，同时打击竞争对手。

这对经销商来说压力很大，必须每年把老车型的尾货清理掉，为新车型上市让路。这本身就是一件麻烦的事情，难免会造成清库存的损失。而且新车型一旦上市，老车型就面临贬值，甚至滞销。

清库存是汽车行业的老问题了，一直没有办法有效解决。为了减免经销商清库存的损失，通用汽车公司过去的做法是，要求经销商对市场做出预测，提前三个月做出预估的订单，公司按照经销商的预估订单，制订生产与供货计划。如果新车型推出，导致老车型的库存积压，清库存造成的损失一律由经销商自掏腰包。那个时候新车型推出的频率很低，问题不是很突出。

当通用汽车公司决定年年推出新款车的时候，这个问题就凸显出来了。斯隆认为，与经销商共担清库存的损失才是合理的。开始的想法很简单，就是给经销商补贴，补贴它们清库存造成的损失，但没有统一的政策和规范。说白了，就是没有拿出系统解决问题的办法。

直到 1930 年，通用汽车公司颁布了一项政策，在年末帮助经销商处理剩余库存，为新车型的推出让路。具体办法是，对于"完成了合约"的经销商，公司给一笔津贴，用于处理新车型发布时未售出的老车型库存，并且与经销商预估的新车订单量挂钩。津贴的金额为库存车辆市场价格的 5%。

尽管这项政策在行业里是首创，但是与德鲁克所强调的创新是两个概念。这项政策本身是一桩花钱的买卖，而不是一种创造价值的经济行为。说白了，就是公司花钱，让经销商清库存，为新车推出让路。公司和经销商都没有因此而提高整体运营的能力，只是增加了在清库存上"发津贴"的麻烦。另外还增加了各事业部生产与供货的责任，一旦发生过量供货的情况，就要受到处罚。

斯隆很清楚，给经销商清库存津贴只是权宜之计、临时性的举措，不解决根本问题。早在这之前他就开始思考如何把经销商组织起来，在经营信息上打通与经销商的联系。

1927 年，斯隆就这个问题提出："我非常担心这样一个事实，很多经销商即便经营效率还不错，也并没有获得应得的投资回报。通用汽车公司的经销商在过去两三年里取得了长足进步，但我作为通用汽车公司的总裁，关注从购买原材料到最终购买消费的每个步骤，也深知这个链条的强度取决于它最薄弱的环节。我对我们经销商组织的整体运营状况毫无把握，但愿这种感觉是没有依据的。我相信一旦我们扛起解决这个问题的重任，就必能消除所有的不确定因素，我们的经销商就能对其运营情况有清晰、科学的了解。这让我重新想起一个概念——妥善记账。我们的很多经销商有很好的会计系统，但有的经销商的会计系统看上去很一般，遗憾的是还有相当一部分经销商压根儿就没有会计系统。很多经销商虽然有会计系统，但由于建立得不完备，没能有效使用。换句话说，这些会计系统并没能告诉经销商业务的状况如何，漏洞在哪里，应该采取什么样的改进措施。如果让每一个经销商有一套适当的会计系统，对自身的业务情况有所了解，它们就可以明智地处理与业务有关的诸多细节。我作为通用汽车公司的总裁，愿意为此支付一大笔费用，我觉得完全值得这样做，而且我相信这将是通用汽车公司做过的最好的投资。"

为此，通用汽车公司下属"汽车会计公司"，帮助所有经销商建立了标准的会计系统与审计系统，并帮助它们提高会计和审计的能力。

在此基础上，通用汽车公司增加了对经销商的抽样审计工作，定期审核大约 1 300 家经销商的会计记录，此外，还要处理 83% 经销商的月度财务报表，这使得通用汽车公司的各事业部和总部能对分销系统的全貌看得一清二楚，并能知道哪儿有不足以及如何解决。经销商也可以理清自己的业务头绪，把控库存及物流的实际情况，及时发现运营中的问题，并在其造成伤害之前进行修正。

　　可以说，这是斯隆的一项了不起的创新，有效地解决了旧车的库存清零问题，为通用汽车公司节约了运营成本，提高了运营效率。也帮每一个经销商提高了经营能力，使它们能够依靠数据来解决库存积压的问题。最重要的是，使通用汽车公司掌握了整条价值链的运营数据，尤其是经销商这一薄弱环节的运营数据，知道哪个经销商在哪儿出了什么问题，是资源不够还是能力不足，从而为进一步帮扶经销商指明了方向，奠定了基础。

　　过去，通用汽车公司为了避免经销商的倒闭或流失，也曾出钱出力帮扶经销商，但成效甚微。现在，打通了与经销商经营数据的连接，知道要选拔哪些有经营能力的经销商加以扶持，让它们做得更好，以更快的速度发展起来，这才是对双方都有利的事情。说白了，就是要让强者变得更强，这样才能反过来使通用汽车公司变得更强。对通用汽车公司而言，扶持经销商是创造价值、提高能力的"经济行为"或"商业行为"，而不是挽救经销商免于倒闭的"扶贫行为"。

　　时任通用汽车金融服务公司的副总裁迪恩和通用汽车公司财务负责人布朗一起把这些想法变成了一个实施方案。

　　1929年6月，通用汽车公司成立了"汽车控股公司"，迪恩成为首任总裁。这家公司的职能是给经销商提供资金，并作为经销商的投资人或股东，行使临时的权利并履行相应的义务，不仅为经销商提供资本，还提供有关合理化运营的建议和培训。

　　这个实施方案的要害在于，找到合格的或有能力的经销商，给它们提供充足的资金支持，并帮助它们挣到足够多的利润。这样不仅使经销商提高了经营能力，有钱回购汽车控股公司的股权，而且使汽车控股公司回收了投资，并获得了一定的投资利润。说白了，扶持经销商的资金不能打水漂，必须有回报。这才是真正的创新，一种商业行为上的创新。

具体的操作方式是，首先确定所需资金的总盘子，然后被选中的经销商需要把手头的钱投到经销汽车的总盘子中，投入的比例不低于25%。其余所需的资金由汽车控股公司投入，同时确定占有的股权份额。

接下来，汽车控股公司承担的职责，就是努力帮助经销商挣到钱。除了工资与费用以外，还要有利润。汽车控股公司承诺，在扣除8%的投资利息后，让渡所占股权红利的50%给经销商，以便经销商更容易赎回股权。汽车控股公司在股份被全部回购以前，保留对经销商有关经营事项的否决权。

自1929年到1962年底，汽车控股公司在美国和加拿大投资超过1.5亿美元，合计扶持了1 850家经销商，其中1 393家回购了汽车控股的所有股份，很多已经成为美国和加拿大名列前茅的经销商。还有一些经销商在汽车控股公司的帮助下，创办了自己的公司。

在这个时期，汽车控股公司的经销商卖出了超过300万辆轿车，总利润超过了1.5亿美元。

斯隆对此非常肯定，认为借助于汽车控股公司，通用汽车公司与经销商形成了更加紧密的关系，对它们的问题也有了更清晰的了解，汽车控股公司也给集团公司提供了有关零售市场和消费者偏好的更多有用信息，更重要的是它对于通用汽车公司发展并维系一个强大的资金充足的经销商团体非常有帮助。

1950年福特开始模仿，1954年克莱斯勒开始模仿。正如汽车控股公司的前总裁赫伯特·古尔德所说，竞争对手的效仿，无疑是对通用汽车公司的一种商业表彰。

　　生产企业对经销商的扶持，是一项长期投资的建设性项目，是一种创新的商业行为，而不是一项简单的费用开支项目，更不是一种花钱的扶贫行为。这里成功的关键在于，不仅能帮助经销商提高经营能力并挣到钱，而且能够在构建经销网络的同时回收投资并赚到钱。这才是企业真正的创新行为，这才是值得我们学习的企业创新行为。

建立持续沟通的机制强化厂商关系

生产企业要想把经销商组织起来，需要与之进行持续且深入的沟通。按照巴纳德的观点，组织起来需要两个必要条件，即共同目标和协同意愿。而且这两个条件互为前提，必须同时建立。没有共同目标，就不可能产生协同意愿。反之亦然，没有协同意愿，共同目标也不会产生。可以说，两者是可能性意义上的条件，所以必须借助于"沟通"，使两个条件同时建立。考虑到生产企业与经销商之间的组织关系要长期存在下去，双方必须持续深入地沟通。

显然，很多企业对于沟通这件事情的理解是不够的。尤其当生产企业把经销商当作异己力量或者博弈对象的时候，事情更是这样，敷衍了事，虚与委蛇。

1920 年以前，通用汽车公司与经销商的沟通状态似乎就是这样，销区经理与经销商的接触，主要是洽谈销售业务，解决一些经销业务上的麻烦与问题。

斯隆在主持通用汽车公司运营工作以后，明确要与经销商建立健康的关系，强调要与经销商建立更好的"沟通方式"。这意味着，良好的关系是建立在良好的沟通方式基础上的，只有建立良好的沟通方式，才能保证沟通的持续和深入。

斯隆这种独特的见解，对今天的企业仍然具有借鉴意义——沟通不是单纯传递信息，了解情况，更重要的是解决问题。必须找到一种有效的沟通方式，持续深入地解决问题，借此不断发展与经销商之间的良好关系。

　　不过，当时的斯隆也不知道用什么样的方式，可以在持续沟通中持续解决问题。好在管理是一种实践，必须从实践中摸索出一种方法，一种有效沟通的方式。

　　最初，斯隆发现业务经理在与经销商的接触过程中所反映上来的问题，很多都与公司针对经销商的政策有关。这些问题在销区业务经理层面上无法解决，甚至无法做出令人满意的解释。

　　为此，斯隆经常带着总部以及事业部人员去拜访经销商，正是这些拜访让斯隆了解到，经销商在跟事业部负责人进行接洽的同时，也想跟总部直接联络。同时，经销商希望除了这些偶尔拜访以外，还能有些更实质性的沟通。

　　1934 年，斯隆把经销商代表邀请到通用汽车公司来开会。同年，通用汽车公司创建了一个重要而独特的机构——"通用汽车经销商顾问委员会"，简称"顾委会"。也许这就是斯隆一直在寻找的沟通方式，一种"讨论问题、解决问题"的沟通方式。

　　顾委会最初由 48 位经销商代表组成，他们分成了 4 组，每组 12 人，和通用汽车公司的高层一起开会，就经销商政策问题进行持续的圆桌会议。顾委会成员中的经销商代表，一直是由通用汽车公司任命而非选举产生的。多年来，通用汽车公司每年都会选出不同的经销商代表组成小组，他们代表了各个轿车事业部、全国各个销售区域，以及不同投资体量的经销商。这些人给顾委会提出了各种各样的问题，并提供了不同的解决思路。

　　斯隆作为公司总裁，兼任顾委会主席，负责分销职能的副总裁，和通用汽车公司的一些高层经理也都是顾委会成员。

顾委会的首要任务是，制定整体政策来改进经销商关系，议题集中在销售协议上，确保与经销商签订的销售协议更加公平合理。当时，通用汽车公司销售协议框架下的特许经营，每年支撑的零售业务规模高达 180 亿美元。

1937 年 9 月 15 日，斯隆在顾委会中做了回顾性总结："过去三年，我们举办的顾委会小组会议已经成为运营中的亮点，每位委员在处理问题时都有很多方法，大家一致希望能从根本性上解决问题，而不是采用简单省事的权宜之计。

"开第一次会时，我们刚刚从经济萧条中走出来，产业界几乎每个人都蒙受了重大损失，经销商团体也不例外，对未来盈利前景的焦虑自然成了顾委会的主要话题，大家提出了很多建议并进行了分析和讨论，令人欣慰的是，大家一致认为我们在解决利润这个核心问题的时候，不应该从提价的角度去考虑，而应该让我们的业务发展有序并找到办法，这就是提高效率。而不是把我们的无效，通过提高零售价格的方式，转嫁到市场上。后来的实践证明，这种提高效率的共识是正确的。"

除此之外，顾委会还要处理一些更为具体而细致的政策性问题，比如"销售协议的取消"问题，这对于经销商和生产商来说，都是一件严重的事情。

在 20 世纪 30 年代，行业里的通行协议是无限期的，生产企业提前 90 天可无理由终止协议，经销商如果提出终止，则要提前 30 天。协议中还规定，生产企业可以有理由取消特许经营权，当然理由的合法性要通过法院来判定。

斯隆认为，通用汽车公司有必要制定一项开明的政策，保护经销商在遇到协议取消时能够避免财产的损失，即使协议的取消是因为其运行无效。通用汽车公司的政策包括：公司会按照经销商所付的价格收回其手头所有新轿车；公司会收回一些产品标识和专用工具；公司会收回经销商手头的汽车部件，只要这些部件不是用于超过使用年限的车型。另外，如果经销商的租赁协议不能转移给别的经销商，并因此导致清算时的损失，公司会参与补偿，等等。

1940 年，公司了解到，一些经销商抱怨它们的销售协议有时候会在销售旺季即将来临之前被取消，导致的结果就是这些经销商在协议结束前，大部分时间都在做着低利润甚至是不挣钱的买卖。而新的经销商一接手就能遇到好挣钱的销售旺季。于是，公司在销售协议中增加了一条规定，大意是"提前三个月无理由终止的书面通知，只能在 4 月、5 月、6 月发出，而实际生效的月份分别是 7 月、8 月和 9 月"，以减免经销商在淡旺季交替过程中的损失。

为了进一步减免经销商在淡旺季交替过程中的损失，1944 年，通用汽车公司引入了设定具体期限的销售协议，每家经销商都有权选择 1 年期协议、5 年期协议和无限期协议。所有这些协议的终止，只能在有理由的条件下发生，但协议到期后，双方没有续约的义务。

1938 年 1 月，通用汽车公司又成立了"经销商关系理事会"，扮演审议机构的角色，确保经销商的抱怨能够直接反馈给公司高层。斯隆是该理事会的第一任主席，理事会中还有公司的其他三位高层领导。该理事会使通用汽车公司和经销商之间的沟通方式更加系统，更加有效。

　　沟通不只是为了传递信息，了解情况，更重要的是为了达成共识，解决问题。对通用汽车公司来说，沟通是一个持续的过程，是一个持续协同的过程，是一个持续把各方的能量转化出来、共同发展的过程。

　　斯隆在实践中建立了有效的沟通方式，超越了巴纳德的理论见解，这些沟通方式本身就是建立共同目标与协同意愿这两个组织条件的载体，也只有这个载体，才能使这两个互为前提的条件同时成立，维持并发展一种组织关系，维持并发展通用汽车公司与经销商之间的组织协同关系。

CHAPTER6
第 6 章

利益兑现一开始
就要设计好

工资公式保障员工的收入水平

稻盛和夫强调，公司永远是员工生活的保障。因此他领导的公司，员工的忠诚度非常高，不离不弃，形成了命运共同体。

保障员工生活的是工资，理想的状态是员工可以靠工资过上体面的生活。工资涉及三个概念：工资总额、工资等级与平均工资。工资总额与成本相联系，关系到股东利益乃至消费者利益。工资等级与职务等级相联系，关系到人与人之间的利益均衡程度。平均工资就是人均工资水平，这与员工生活保障直接相关。

工资是员工的头等大事，也是保健因素，涉及员工、股东和消费者三者的利益关系，企业必须通过经营体系的改善，保持三者之间的利益平衡。在工业革命之初，工厂主往往通过克扣工人工资、延长工人作业时间来提高利润。结果适得其反，缩短了工人的寿命，降低了劳动生产率，并引发了工人运动，导致产业社会的动荡。这就有了8小时工作制、最低工资标准和工会组织等法律规定。

那么，究竟如何来确定工资？经典的理论对这个问题的论述是正确的——按照劳动时间来计算工资，这就是"小时工资制"或"时薪"的来源。同时按照劳动力再生产所需要的成本或生活成本，确定劳动力的价格。换言之，劳动力的价格就是劳动力再生产的成本。低于这个成本支付工资，就有可能伤害劳动者恢复劳动力的能力。

从20世纪30年代开始，斯隆就想找到一个确定工资的公式，以科学理性的方式，来确定每年的工资水平，主要是小时工资及其涨幅或降幅，而不是通过谈判的方式，通过一年一度与工会的谈判，来确定工资金额或时薪。这样做可以避免劳资双方情绪化的冲动，避免彼此关系的恶化。

斯隆相信，只要劳资双方能够以理性的方式确定工资，公司就有机会改善经营与管理，动态维持员工、股东和消费者三者利益的平衡。这与泰勒的思维方式是一样的，通过"劳资两利"把馅饼做大，进而使馅饼的分割变得容易。

1935 年，斯隆想把工资的调整与生活成本的变动挂钩，他希望工资跑赢物价上涨，以保障员工的生活，减少员工的抱怨。

最初，斯隆想用劳动统计局的"各地生活成本指数"来制定工资计算公式。很遗憾，1935 年劳动统计局发布的报告只有 32 个城市的数据，只覆盖通用汽车公司工厂所在的 12 个城市，没有覆盖通用汽车公司所在的所有城市。这个设想也就没办法推行。

1935 ～ 1940 年，全国消费者物价指数（CPI）相对稳定，物价波动也不大，对工资的调整也没有产生多大的影响，这个事情也就暂时放下了。

1941 年，国防开支计划大幅增加，导致物价大幅上涨。人们担心一旦美国卷入第二次世界大战，通货膨胀将不可避免，头疼的工资问题又摆在了斯隆的面前。

1941 年 4 月，斯隆给时任全美工业会议主席维吉尔·乔丹写信，试探一下把工资与生活成本挂钩的做法是不是可行。

具体而言，就是确定一个劳资双方认可的理性的公式，来确定每年的工资方案及工资金额。如果生活成本提高了，那么就依据公式调高工资。反之，如果生活成本降低了，那么就依据公式调低工资。不过，公式中的一些调节因子是可以人为设定的，使工资的降幅小于前一次工资的涨幅。这样就可以确保实际工资的长期增长。斯隆认为，工人有权享受这种待遇，产业界也有责任通过技术进步，创造更多的财富，实现工资的可持续增长。

维吉尔·乔丹的回复很悲观，他对于斯隆能否说服工会采纳这种自动化的工资计算公式持怀疑态度。因为工会，尤其工会的领袖，倾向于在工资制定的问题上掌握主动。他们倾向于谈判，而不想遵守一个固定的公式。

也就是在那一年，通用汽车公司时任总裁查尔斯·威尔逊，对工资调整提出了两个新的观点：第一，工资调整与全国消费者物价指数挂钩。第二，让员工从生产力的提高中获得实惠，确定员工每年固定的加薪比例，这项建议就是通用汽车公司工资计算公式中"年度改善因子"的来源。

1942～1945 年，发生了第二次世界大战，政府采取了工资的维稳政策，斯隆也就没能推行任何新的方案。

1945～1946 年，通用汽车公司出现了 119 天的大罢工，工会坚持主张工资的增长与公司的支付能力挂钩，公司挣的钱多了，就应该给员工多发工资。1947 年，工会的诉求依然没有改变，依然要求大幅增加工资。

1948 年，劳资谈判从 3 月 12 日开始，谈到了 5 月 12 日，持续了两个月，事情有了转机。通用汽车公司向汽车工人联合会提交了工资计算的公式，工会表示原则上同意了，这出乎斯隆的意料。劳资双方签署的协议规定，员工年度改善因子设定为每小时 3 美分，而生活成本的基准年份为 1940 年。因为那一年通货膨胀还没来，是物价水平稳定的最后一年。

斯隆进一步对工资的计算公式做了说明。

第一，年度改善因子，就是持续改善员工的生活标准，它取决于技术的进步，取决于工具、方法、流程和设备的改进，以及相关各方为此秉承的合作态度。依靠同样的人力，获取更大的产出，这是一个合理的经济和社会目标。一句话，收入的真正来源是生产力，工会能够接受这个观点是很不容易的。

第二，改善因子体现的是美国整体经济长期生产力的提高，而不仅仅是通用汽车公司生产率的提高。

第三，多年来美国生产力的年增长率大概为 2%，因此，通用汽车公司时薪在 1.49 美元的基础上增加 3 美分，即增加 2%，这和美国生产力的年增长率是一致的。

第四，通用汽车公司承诺，无论美国工业生产力的变化如何，都会按照协议，兑现改善因子。即便整个国家或通用汽车公司自身的生产率下降，也会履行义务，按照每年的改善因子给员工涨工资。

第五，改善因子应该是整体效率的提升，而不是某一个工序效率的提升。

有人说，生产效率的提升应该完全归因于工人。斯隆则认为，生产效率的提升并不完全取决于工人的工作，更多来自经理人工作的有效性，来自对节省人力的设备追加投资，也就是以机械代替人工。由此而论，生产率提高所带来的成果，应该在消费者、劳动者和股东三者之间进行分配，完全给股东是不对的，完全给劳动者也是不对的。应该让消费者获得更低的价格或者更好的产品，让劳动者获得更高的工资，让股东获得更好的投资回报。

1955 年，为了让改善因子更加合理，斯隆增加了申诉条款。另外，为了避免技术员工受到工资平均化的影响，又安排了专业技术员工的特别加薪。就这样逐渐地把工资计算的公式调整得更加完善。

截止到 1963 年，也就是《我在通用汽车的岁月》出版的前一年，自这个方案 1948 年实施以来，通用汽车公司再也没有发生全国性的劳工协议大罢工。

理论上认为，工资是保健因素而不是激励因素。这个观点与我们的常识是一致的，工资只是保障人们生活的一种手段，而不是激励人们努力工作的手段。激励人们努力工作需要三个条件，即企业有前途、工作有效率、工作者有成就。然而企业是人与人之间的相互关系体系，最基础的是"分工和分利"关系，集中体现在工资的确定上。如果工资问题解决不好，那么企业中的麻烦就会不断，所有人的能量都会转向反面，转向负能量。

奖金计划把经理人团队绑在一起

在知识经济的时代，知识劳动者是企业创造价值的主体，必须参与企业利润的分享，必须与股东拥有同等的权利，以奖金的形式分享企业的利润。

资本雇用劳动、获取剩余价值的时代已经过去了，早在1900年，就有耶鲁·汤制锁公司用"利润分享计划"的方式，给劳工发放奖金，把劳动生产率提高带来的利润，在股东、监工和工人之间平分。那个时候，股东获得的利润称为股权红利，而监工和工人获得的利润称为奖金，也称"超额劳动的报酬"或"特殊贡献的报酬"。利润分享计划的意义不言而喻，打通了股东、经理人和工人之间的利益关系，可望使企业变成一个利益共同体。至少打破了企业和劳动者之间的雇佣关系，承认劳动者不仅可以获得"劳动力的成本"，而且还可以获得"劳动力的收益"。

值得一提的是，经济学认为，工厂主只要支付了地租就能获得土地使用权，支付了利息就能获得资本使用权，支付了工资就能获得劳动力使用权。工厂就是有效配置和合理利用资源创造利润的平台，工厂也就被认为是土地、资本和劳动力之外的第四个生产力的要素。

实践表明，劳动者和劳动力使用权是不能分离的，工厂主必须通过劳动者本人，才能有效使用劳动力。劳动者不配合，出工不出力，消极怠工等，意味着在劳动力使用上的失效。这就带来了一个管理上的元命题，即如何调动劳动者的工作动机或积极性。借用亨利·福特的话来说，本来打算雇用的是一双手，结果却来了一个人。

管理学从马斯洛那里得到了启发，即通过工作本身来调动人的积极性。借用德鲁克的话来说，工作的动机来自工作本身，比如工作的挑战性，工作能带来的成就感或者使工作者有成就，等等。很遗憾，至今为止，这个问题没有得到有效解决。只能回到事情开始的地方，回到历史开始的地方去看一看，也许事情没那么复杂。新教革命让人们放弃了安贫乐道的生活方式，点燃人们追求物质利益的欲望，每个人眼睛里都流露出金光灿灿的眼神，于是就有了新教伦理和资本主义精神，促进了工业化的历史进程。

每个人参与企业分工体系的基本动机，就是希望发挥个人的主动性、创造性和天赋，谋求个人利益最大化。说白了，每个人参与分工的热情来自两个方面：获取成就感，获取更大的利益。成就感就是在工作中动动脑、动动手所获得的快乐，在分工条件下，这种成就感也能获得，只是更难而已，难的是不容易释放个人的自由意志。

不过，在分工条件下更容易创造更大的利益，包括个人也能为整体创造更大的利益。关键在于满足个人在获取利益上的要求，否则个人的成就感荡然无存。更麻烦的是，如果不能满足个人利益上的要求，那么企业分工体系的效率难以维持，巴纳德所说的"社会性堕化"就会成为普遍现象。进而，分工之后很难形成一个整体，无序、混乱和失效不可避免。解开管理元命题得到的结论不言自明，给员工包括经理人与股东一样的待遇，公平地分享企业的利润。

～

1924 年，通用汽车公司的年报把这一点说得很清楚，并对奖金计划的实施做出了说明："我们相信，要想取得最有效的成绩、最大的进步，以及业务的稳定发展，公司就要尽可能地为经理人阶层创造条件，让他们各就其位，把业务经营当作自己的事。这既有利于发挥个人的主动性去成就事业，也有利于帮助大家取得与业绩相衬的经济回报。公司就是通过这种方式来吸引并留住经营人才的。"

那么，值不值得企业当局花这么多时间和精力，去制订和实施奖金计划呢？这些钱花出去到底值不值呢？这是斯隆在思考奖金分配的时候给自己提出来的问题。他对此深信不疑，非常值！他认为奖金计划不仅丝毫没让股东破费，相反让他们这些年收益不菲。他还相信，奖金计划无论在过去还是未来，都会是通用汽车公司取得非凡成功的重要因素。

早年的经历让斯隆意识到一个很关键的问题：当新公司还很小，几位经营者把自己的积蓄投入其中时，他们的自身利益无疑是和公司利益绑在一起的。但是，随着公司的发展，当越来越多的人参与到公司的管理中时，个人和公司的联结关系反而变弱了，公司发展的基础是不牢固的。因此，个人与公司之间的关系需要定期加以表达和强化，而这正是奖金计划的目的。在他看来，奖金计划的价值主要体现在以下三个方面。

一是激发上进的动力。

奖金计划针对公司不同层级的经理人提供了不同的激励方案，极大地激励了那些还没有获得奖金资格的员工去努力争取。一位高管在之前给斯隆的一封信中是这样回忆的："我清楚地记得自己第一次领取奖金时，那种兴奋的感受，感受到了团队的荣誉，并且下定决心，要在公司中继续好好发展。"斯隆相信，每一位奖金计划的参与者都会有同样的感受。

由于奖金是按年考核、按年发放的，因此只要员工还在公司任职，这种激励就会持续下去。随着员工的晋升，这种激励会变得越发有效，因为和低级别工资相比，高级别工资中的奖金部分相对于年薪来说是大头。因为随着员工的晋升，他的奖金某种程度上会呈现几何级数增长，而非算术级数增长。因此，他会有巨大的动力，不仅要把手头的工作尽可能地做好，还要做到出类拔萃，这样他才有升迁的机会。

此外，还有无形的激励。这一点在上面那封信里，还可以引述一段加以佐证："我确信，奖金计划的实施还给公司带来了另外一个好处，那就是无形的激励，而这和奖金这样的有形激励截然不同。奖金计划能让员工产生更强烈的自我满足感，这会形成一股巨大的动力，推动公司向前发展。

每笔奖金的意义，要远远大于现金和普通股的内在价值。对于获奖者来说，奖金体现了他对企业成功所做的贡献，表达了公司对于管理者的认可，而这也是经理人除奖金之外所看重的。"

事实上，通用汽车公司推广了一种比较普遍的做法，从而强化了非物质性激励，这就是让上司给他的每位获奖员工发一封奖金通告函。上司由此获得机会，可以对获奖者的业绩进行考评和交流。

二是强化工作的动机。

奖金计划带来的另一个重要作用是，让每位奖金计划的参与者都敏锐地意识到自己与工作、与上司之间的关系，必须要去思考自己和公司今后的发展。上司对他价值的认可会让他感到满足，同时让他有动力去完成年度工作考评，这种氛围的建立与维护无法在纯工资制度中实现。和工资制度相比，奖金计划的增长弹性要大得多。公司如果要将业绩出色员工的工资上调恐怕很难，因为这有可能打乱公司的整个工资等级体系与结构，而且增加员工的工资意味着公司对此做出了无限承诺，而奖金则可以针对某段时间的出色业绩来设定。因此，奖金计划可以让有突出贡献的个人摆脱整体工资制度的束缚，同时又不会对工资制度造成破坏。

斯隆特别强调奖金制度并不是一种利润提成计划，在他看来，在自动分红或利润分享的制度下，员工只有在加薪成功或者加薪未果的时候，才能知道公司对他的评价。至于降薪处罚，往往更加困难，毕竟员工对于这种方法通常并不敏感。但是在通用汽车公司的奖金计划中，如果公司的总体奖金在增长，而某个员工的奖金却大幅下降了，这本身就是一种严厉的惩罚，员工本人也会对此非常清楚，因为每年的奖金发放总额会在公司年报中予以披露。

三是成功留住人才。

奖金计划还有助于留住公司的经理人，因为通用汽车公司的奖金发放是采用五年分期支付的。主动离职的员工会损失掉未兑现的奖金权益，有时候这会是一个非常大的数目。这种留住人才的措施，再加上计划本身的激励作用，带来的最终结果是，在此后的多年里通用汽车公司希望留住的经理人中，真正离职的相对很少，特别是高层经理人。

通用汽车公司奖金计划的有效性到底如何呢？斯隆引用同事小沃

尔特·卡彭特的话做出了说明："关于奖金计划的有效性问题，如果是指这项计划成就了哪些事实，或者有哪些数据可以佐证，那么我现在就得承认，恐怕我帮不上太多忙。我们也对这个问题思考了多年，尤其当我们修订奖金计划时，我们总希望把年度奖金的占比明确下来，哪怕知道个大概。我们每年都要想方设法确定奖金占净利的比例，当然还要确保调拨额度不能超过奖金计划的上限，这时候我们就会思考这个问题。

"现在我基本上得出这样一个结论，对于有些事物来说，评判它的有效性很大程度上必须基于我们对结果的判断，而奖金计划就是如此。毕竟我们已经对该计划的实施情况进行了长期观察，这种有效性或许已经显现出来了，我们对于奖金计划背后的基本理念也抱有信心。

"有一两个事实，可以印证我们对于奖金计划的观点，尽管我们无法对奖金计划进行严格的考量，但它确实行之有效。

"我首先要指出的一个事实是，杜邦公司和通用汽车公司都可谓推行奖金计划的典范，两家公司也取得了非凡的成功。当然，批评家们可以说，它们的成功还有很多其他原因，这一点毋庸置疑。但让人惊讶的是，两家公司都取得了如此杰出的成就。虽然我们无法把激励计划的效用单独抽离出来，也不能从数学上证明它的有效性，但该计划对于这两家伟大的公司多年以来的成功发展起到了重要作用，它的有效性毋庸置疑，我们必须予以支持。在吸引和留用杰出人才方面，它对于组织的贡献有目共睹，而我们对于计划背后的基本原则也充满了信心和信念。"

斯隆在引用小沃尔特·卡彭特这段话的基础上，又加一个他自己坚信的观点："如果我们废弃它或者对它进行重大的修订，就很可能会使这家公司的管理精神和组织能力丧失殆尽。毕竟这项激励计划，从 1918 年到 1963 年，已经成功实施了 45 年。"

从通用汽车公司的实践中我们可以看到，企业的共同体首先是利益共同体，是奖金的分享或利润的分享。进而才是事业共同体和命运共同体，涉及股权的分享或企业长期价值的分享，涉及核心员工和经理人股东的形成，这是企业可持续发展的基本命题。这个命题已经超出了管理学调动员工工作动机与工作热情的范畴。也许只有职业经理人阶层的创新精神，才能在提高生产效率的同时改变生产关系，并通过改变生产关系，构建更高层次的企业共同体，不断提高生产效率。这种创新精神的原始动力是，依靠共同体谋求企业的持续发展，谋求更大的共同利益。

建立奖金分配的合法性机制

奖金通过"分配"发放到个人，分配是管理的概念。"管理分配"靠的是管理的权威与管理的合法性基础。

在 1918 年之前，少数事业部总经理与通用汽车公司签订协议商定，他们可以从事业部的利润中提取一定比例的奖金。这无疑放大了事业部的自身利益，却忽略了公司的整体利益，甚至有可能导致事业部总经理为了让自己所在事业部的利润最大化，不惜做出损害公司整体利益的事情。

1918 年，通用汽车公司推行奖金计划，斯隆非常强调"利润分享计划"不是"利润提成计划"，并取消了以事业部利润提取各自奖金的做法。他认为，公司净利润并不是各事业部利润的简单加总，并强调要把奖金合理地分配给为通用汽车公司的成功做出特别贡献的员工，他们善于创造、能力突出、勤奋肯干、忠于公司且服务一流。

一般而言，人与人之间的劳动关系和利益关系有两种协调的方式，一种是市场协调的方式，另一种是管理协调的方式。市场协调的方式被亚当·斯密称为"看不见的手"，而管理协调的方式被管理学家称为"看得见的手"。

市场协调的方式是交易，而管理协调的方式是分配，诸如任务的分配、责任的分配、权力的分配、工资和奖金的分配，等等。

因此，奖金分配必须基于管理的合法性，必须依靠管理的权威。否则奖金分配就行不通，不仅没有效果，而且会引发矛盾和冲突。

为此，通用汽车公司首先要确立的是奖金发放的合法性机构，并保证合法性机构能够按照客观公正的原则行使权力，并让人相信奖金分配的结果是客观公正的。这个合法性机构就是由最高管理当局任命的"奖金薪资委员会"，该委员会全权负责奖金计划的制订与推行，同时该委员会成员不能参与奖金的分配。该委员会一般由公司中较高级别的董事组成，从根本上确保委员会的每一个成员能够站在公司的立场上，客观公正地行使权力。

为了确保奖金薪资委员会在行权过程中的客观公正性，还必须对奖金分配的过程做出一系列的规定。保证程序的客观公正，最重要的是明确奖金分配人员选拔和审核的程序。

通用汽车公司管理当局明确奖金分配人员分为三类：

第一类，负责运营管理的公司董事。

第二类，各运营事业部总经理以及总部各职能部门的主管。

（以上两类人员覆盖了公司的高层管理者。）

第三类，符合奖金分配最低薪资要求的其他员工。

在此基础上，需要进一步明确奖金分配人员产生的程序。具体而言，由奖金薪资委员会全权决定第一类人员（即董事会成员中负责运营的高管）及其奖金额度。

另外，委员会还要对公司董事长和总裁联合提议的有关事业部及职能部门的奖金额度进行审议并做出批复或否决，以及对第二类人员的分配提案进行审议并批复或否决。

对于第三类人员即员工奖金的建议权，则被下放到了各事业部和各职能部门。

奖金薪资委员会每年要做的第一件事是，确定当年奖金规模和实际奖励金额。委员会首先根据公司每年的盈利情况，就奖金分配的上限征求独立会计师的意见，在 1947～1962 年，其为扣除 6% 的净资本收益率后税后净利润的 12%。并且，委员会必须决定是否要把这些钱全部投入奖金池，还是只投入一部分。比如从 1947 年到 1962 年这 16 年间，委员会投入奖金池的奖金，少于年度奖金上限的情况一共有五次，投入的总奖金比奖金分配的上限累计少了 1.31 亿美元。在第二次世界大战结束后的头三年里，奖金池中就有超过 1 900 万美元并没有作为奖金发放出去。1956 年底，奖金池中所有未发放的资金已经达到约 2 000 万美元，委员会决定转出这笔钱，不再用作奖金分配。

　　奖金薪资委员会每年要做的第二件事是，确定三类人员的奖金总额以及占奖金池的比例。主要考虑因素是，这三类人员的薪资水平和当年业绩之间的关系。因此，每类员工都有一个与之相应的奖金分配方案。

　　委员会首先要为第一类人员拟定一个分配方案。要对其中每个人的情况和业绩进行单独评估，并以非正式的方式向总裁和董事长征询意见，从而决定第一类人员奖金配额在总奖金池中占有的比例。

　　接下来，确定第二类人员的分配方案，即各事业部总经理以及各职能部门主管的奖金配额。委员会要拟定这一类人的整体配额与总奖金池之间的比例关系，当他们将配额比例确定后，公司董事长和总裁要针对每个人的奖金分配发表意见，并且上报给奖金薪酬委员会批复或修订。

　　最后就是为第三类人员，即符合奖金分配最低薪资要求的员工，制订奖金分配方案。

对于剩余的可分配奖金额度，董事长和总裁通过召集会议，给出在各部门进行细分的建议和提案，并交由奖金薪资委员会决定。一般情况下，委员会优先考虑各事业部奖金分配的需要，毕竟这是公司利润的来源。然而，各事业部的情况不尽相同，委员会还要考虑各事业部符合条件的员工的整体薪酬水平、相对投资回报率，以及各事业部的整体绩效评估，等等。

对于各职能部门来说，它们本身并不参与利润的创造，因此职能部门的奖金分配基于符合条件的员工薪资水平以及部门的绩效评估。

由于事业部和职能部门的内部情况各不相同，因此无法套用一种方案来为每个员工提供奖金建议。

每个符合条件的员工的奖金由他的上司评估决定。通常来说，员工奖金提案的发起人是他的直接上司，上司经评估审核后上报给更高层审议，一直到事业部的总经理或职能部门的主管认可为止。然后经虚拟业务集群主管审批后，提交给公司董事长和总裁以及执行副总裁审批，最终交给奖金薪酬委员会做决定。

如此严格的奖金分配提案与审核程序，都是为了达到一个目的，减免奖金分配上的不公正现象。即便如此，奖金薪资委员会也不可能对大约 14 000 名受益人的详细情况完全了解。为此，委员会在最后环节增加了一个复核程序，就是把奖金候选人的清单进行汇总，横向比较和评估他们之间的奖金分配方案。

对大约 750 名要职要员的个人奖金提案进行特别评估，评估每个人的绩效，以确保奖金的发放能够真实反映他们的贡献程度及差异，尽可能实现奖金的公平分配。还要从全公司不同事业部和职能部门中找出职位相近的人员，并对他们的奖金提案进行横向比较，找出其中的问题。特别是还要据此挖掘和梳理出整个经理人阶层的优势和不足，这有助于公司为不可避免的人事调整提前做好准备。

值得一提的是，尽管通用汽车公司奖金计划的原则不变，但在操作细节上是有变化与调整的。

第一，奖金池的变化和调整。

1918 年，设定的总奖金额度，也就是每年奖金池的存款上限，是在扣除 6% 的净资本收益率的基础上，不得超过税后净利润的 10%。1921 年，经济衰退和库存清算的发生让公司的利润大幅下降，当年通用汽车公司没有发放奖金。1922 年，通用汽车公司恢复奖金发放，奖金池额度的设定提高了，从原来的 6% 上调到 7%，这种情况一直持续到 1947 年。

1947 年，公司将净资本收益率的扣除下调到了 5%，同时，将用于奖金分配的税后净利润的比重，从 10% 提高到了 12%。1962 年，公司又将净资本收益率上调到 6%，可用于奖金分配的税后净利润比重依然维持在 12%。

第二，员工领取奖金资格的变化和调整。

1922 年，明确员工的职级与领取奖金的资格挂钩，而职级对应的是薪资，这样，领取奖金的资格就基于薪资而定，或者说，在薪资上设定员工领取奖金的最低门槛。

1922 年以后，年薪 5 000 美元为员工领取奖金的最低门槛。那年，公司总共发放了 550 份奖金。

在随后的几年中，公司的业务增长很快，奖金覆盖人群也大幅度增加。1929年，接近3 000名员工领取了奖金，是1922年的5倍多。

1931年，经济大萧条时期，为了与员工降薪的情况相适应，公司把员工领取奖金的最低年薪从5 000美元降到了4 200美元。

1936年又把领取奖金的最低年薪降到了2 400美元。这样，领取奖金的人数就从1935年的2 312人增长到了9 483人。

1942年公司将领取奖金的最低年薪恢复到了4 200美元，于是领取奖金的人数减少到4 000人左右。

1949年，领取奖金的最低年薪已经达到7 800美元。

1950年公司又将领取奖金的最低年薪调低为6 000美元。领取奖金的人数从1949年的4 000人猛增到1万多人。这样做的目的是对通用汽车公司上下整体产生强有力的激励作用。

随着工资普涨，虽然公司逐年提高了领取奖金的最低薪资要求，但是领取奖金的员工人数一直在稳步增长。1962年，领取奖金的员工人数大约14 000人，比1922年的550人增长了24倍多。1962年大约有9%的员工领取了奖金，1922年时，这一比例只有5%。

为了稳定核心员工，公司通常在多年期内分期支付奖金。比如，奖金额达到5 000美元的话，就会按照每年1 000美元来分期支付，并且还规定，员工如果在某些情况下离职，就不能再领取尚未支付给他的分期金额。

随着奖金计划的推行与实施，公司希望将高层经理人进一步捆绑在一起，变成企业的合伙人，于是就有了以股票的方式支付奖金的做法。为了满足每年发放奖金的需要，公司每个月都会在市场上购买普通股。

起初所有的奖金都以股票方式支付，但随着个人所得税的不断上涨，奖金薪资委员会意识到，如果受益人为了支付因奖金产生的个人所得税，不得不出售大量股票的话，那么这种股票奖励方式显然就会失效。因此，1943 年公司取采取了一项政策，决定一部分奖金以现金形式发放，另一部分以股票形式发放。

1950 年以后，公司发放的现金可以让受益人支付总奖金的税款，剩下的奖金以股票的方式保留。对于还没有分期发放的股票，先作为库存股份由公司进行保管，直至到期时再发放。在这些作为奖金的股票到期发放给受益人以后，受益人会获得相应的现金以支付个人所得税。现金的来源，是库存股份的红利。

此外，作为奖金计划的重要组成部分，从 1923 年开始，针对高管层的股权分享也形成了一系列方案，如 1923 年设立经理证券公司，1930 年设立通用汽车管理公司，以及 1957 年设立股票期权的奖金补充计划，最后完成了从工资、奖金到股权的利益分配全过程。

从"奖金提成"转向"奖金分配"，管理的难度大大提高，全部难点在于确立管理的合法性基础，确立管理权威的来源。由此可见，向管理要效率绝不是一句简单的口号，也没有捷径可走，需要依靠企业自身的实践，在实践过程中做出艰苦卓绝的努力。

同时，我们也可以看到，管理合法性基础及管理权威来源于对特定的事情确立相应的合法性机构与合法性程序。不能想当然地认为企业当局所做的一切事情都是合法的，都具有管理合法性和管理权威性，而忽略了做具体事情的管理合法性基础和管理权威的来源。

打造一个经理人股东阶层

企业的利益分配是三个概念：工资、奖金和股权。工资是劳动力再生产的成本，奖金是利润分享，股权是企业长期价值的分享。当企业根据劳动者的生活成本确定工资水平的时候，股东和劳动者之间的利益关系就平衡了。为了进一步调动劳动者的工作热情，企业当局必须改变立场，改变资本雇用劳动的立场，制订奖金分享计划，与劳动者分享利润，形成企业的利益共同体。

随着知识劳动者逐渐成为企业的主体，尤其是职业经理人阶层的兴起，企业必须从"以机器代替人力"转向"以知识代替人力"，提高企业价值创造的能力。必须依靠知识劳动者共同打造企业价值系统，并分享价值创造能力所带来的长期利益。制订"股权分享计划"，与劳动者分享企业的长期价值，形成企业的事业共同体。

通用汽车公司股权分享方案的第一步，也是最关键的一步，就是于1923年11月成立了"经理证券公司"，目的是为高层经理人提供获取通用汽车公司股权的机会。董事会把这当作对高层经理人的一项激励举措，激励他们为自己，也为股东创造更大的价值。

经董事长杜邦和财务委员会主席拉斯科布同意，以市场价转让杜邦公司持有的通用汽车公司30%的股权。这部分股权是通用汽车公司的普通股，当时在杜邦公司控股的通用汽车证券公司名下，合计225万股，每股市价15美元，市场的转让价格为3 375万美元。这意味着杜邦公司持有的股权卖给了经理证券公司，同时，经理证券公司欠下杜邦公司3 375万美元的股权债务。据此，经理证券公司有了实实在在的股本金，外加同等价值的债务。通用汽车公司入围股权分享计划的经理人，只要买下经理证券公司的股权，就等于拥有了通用汽车公司的股权。

一般来说，工资是生活保障，经理人只能用奖金来购买股权。股权分享计划的成败关键，就是经理人能不能获得足够的奖金。现如今，很多企业都是这么理解的，制订一个三年、五年的业绩增长计划，以及与之相对应的期权制度和行权期限，俗称"对赌计划"，确保"劳资两利"，确保在股东受益的情况下实现经理人持股。然而，这种方式最大的缺陷就是，没有把职业经理人团队捆绑在一起，没有用经理证券公司这样的形式，把经理人捆绑在一起，提高企业整体价值创造的能力，形成股东与职业经理人股东的事业共同体。

～

时任财务副总裁唐纳森·布朗制订的运作方案，体现了通用汽车公司构建事业共同体的意图。用斯隆的话说，利润分享计划及股权分享计划，与事业部制组织结构的运行是相辅相成的，有效地提高了公司整体运营的效率和创造价值的能力。

杜邦公司转让股权的市场价格为 3 375 万美元，经理证券公司的核定股本为 3 380 万美元。全部股本分为两个部分。

第一部分为通用汽车公司持有的可转换优先股（没有累计投票权），价值 2 880 万美元，股息为 7%。

第二部分为经理证券公司卖给通用汽车公司的普通股，价值 500 万美元。实际上是经理人筹资持有的通用汽车公司的股权。分为 A 类股和 B 类股，A 类股共计 400 万美元，面值 100 美元 / 股；B 类股共计 100 万美元，面值 25 美元 / 股。

通用汽车公司与经理证券公司商定，每年在扣除 7% 的占用资本回报率后，向经理证券公司提供税后 5% 的净利润（这等同于通用汽车公司每年总奖金的一半）。商定的支付期限为 8 年，从 1923 年开始，到 1930 年结束。通用汽车公司还同意，如果在协议期限内，任何一年的付款少于 200 万美元，通用汽车公司会通过无担保贷款的方式弥补差额，贷款利率为 6%。这就相当于告诉经理们，只要你们好好干，齐心协力提高公司创造价值的能力，就能提高经理证券公司整体的盈利水平。通用汽车公司每年支付给经理证券公司 5% 的净利润，记入 A 类股的盈余中。

另外，经理证券公司持有的通用汽车公司股票分红等收入，记入 B 类股的盈余中，用于支付 7% 的可转换优先股的股息。当经理证券公司无须再支付 7% 的可转换优先股的股息后，就可以给 A 类股和 B 类股派发红利，但每年的金额不得超过已缴纳资本 500 万美元以及盈余的 7%。

接下来，通用汽车公司把 A 类股和 B 类股转售给了 80 位高管，配售比例基于斯隆给特别委员会的建议。该特别委员会由通用汽车公司的董事会任命。A 类股的价格为每股 100 美元，B 类股的价格为每股 25 美元。配售的股票数量跟经理人在公司里的职位有关。斯隆亲自拜访过每一位符合该计划的经理人，并与他们进行了交流探讨，目的是确定他们是否有意加入这项计划，以及是否有足够的现金来购买配售的股票。一般来说，公司会限制每位经理人购买的股票金额不超过他的年薪。

经理证券公司的股票并没有全部拿来配售，一部分股票的配售会放在以后，留给那些可能在日后入围该项计划的经理人，另外当经理人的职责范围增加时，也要预留一些股票作为补充。值得注意的是，通用汽车公司拥有一项不可变更的权力，那就是当经理人辞职，或者他的职位与业绩表现发生变化时，公司可以回购他持有的全部或者部分股票。

为了让经理证券公司的入围机制持续发挥作用，通用汽车公司每年都会对加入经理证券公司的经理人进行年度绩效评估，并把经理人的业绩做比较，以确定每个人的表现是否反常，及时做出调整。

1923 年以后，伴随着通用汽车公司的成功，它给经理证券公司带来的回报也超乎想象。这是通用汽车公司的重要发展期，但汽车市场的总量并没有很大增长，从 1923 年到 1928 年，轿车和卡车的年销量维持在大约 400 万辆。通用汽车公司的销量翻了一倍多，市场份额也从 1923 年的 20%，增长到了 1928 年的 40%。公司的盈利自然快速增长，由此按约定通用汽车公司给经理证券公司的奖金也随之增加。到 1927 年 4 月，经理证券公司所有的可转换优先股的股息都已付清，没有其他产权负担，完全可以基于 A 类股与 B 类股的账户盈余派发红利。

这些因素致使经理证券公司的股票也变得价格不菲，导致通用汽车公司无法向该计划推出后才晋升为公司高管的经理人提供这样的补助。最终，通用汽车公司对经理证券公司的资金扶持计划由原定的 8 年缩短为 7 年，结束年份为 1929 年，而不是 1930 年，以便更好地组建一个类似的公司，在下一个 7 年中，将经理证券公司的基本理念进行推广，并根据业务发展的规模，邀请更多的经理人参与股权分享计划。

经理证券公司的股权分享计划给入围的经理人带来的报酬超乎想象。如果在 1923 年 12 月花 1 000 美元购买经理证券公司的 A 类股和 B 类股，也就是通用汽车公司的普通股，在接下来的 7 年里，这笔投资的总产出是 9 800 美元，它既是经理人在此期间可获得的奖金，也是经理人对公司的一种追加投资。加上最初投入的 1 000 美元，7 年后这笔投资增长到了 1 0800 美元。

对一个经理人来说，他最初的 1 000 美元的投资，变成了 1 0800 美元，相当于实际持有 902 股通用汽车公司的普通股。在此期间，随着通用汽车公司普通股的升值，每股市值合 52.375 美元，使得这 902 股的总市值达到 47 242 美元。当然，经理证券公司给通用汽车公司及其股东带来的回报同样丰厚。

斯隆认为，通用汽车公司在 1923 ～ 1929 年期间业务蓬勃发展的部分原因是，经理证券公司把公司高管捏合成了一个团队，并且使他们的个人利益与公司的成功休戚与共。经理证券公司无疑是一个了不起的个人财务激励手段。

杜邦公司的小沃尔特·卡彭特在给斯隆的信中提到："经理证券公

司的重要性在于，它让这些人产生了持续的紧迫感，渴望取得整体的成功，而不是像先前那样，只顾自身的狭隘利益。或许您跟任何人一样，都知道这种所谓财务机制的设计，就是要将公司盈利带来的实惠按照金字塔的方式进行分配，从而极大地激励每个人为公司的发展做贡献。这种设计方法现在已经司空见惯，以至于我们或多或少会认为这是件理所当然的事情。但我们必须认识到，在当时这种方式相当具有创新性，它极大地激发了大家的干劲和决心，确保了公司的整体成功。这显然又促进了公司内部的相互合作、相互关联与相互依存，进而对公司的成功起到了重要作用。"

　　年终时，斯隆会召开经理证券公司的股东大会，审议过去一年的业绩，并强调经理人股东和通用汽车股东之间的共同利益。唐纳森·布朗回忆说："讨论的话题非常全面，包括在有效控制资本支出、库存和应收账款方面，在提高生产、销售和分销的效率方面，以及开发符合大众口味的产品方面，如何实现共同利益。"

　　7 年后，通用汽车公司推行股权分享计划的第二阶段，于 1930 年专门成立了"通用汽车管理公司"进行运作，整体设计思路与经理证券公司一致，只是在操作细节上有一些不同。入围第二阶段股权分享计划的经理人为 250 人，是先前经理证券公司参与人数的三倍多。

　　截至 1963 年 3 月 31 日，公司大约 350 位高管持有的股票加在一起超过了 180 万股，按照市场行情每股 75 美元计算，高管对公司的投资超过了 1.35 亿美元，其中大多数人为这项事业投入了终身。

　　马克斯·韦伯说过这样的话，调动一个人的积极性要从两个方面：理想追求与物质利益。没有理想追求的物质利益是无力的，没有物质利益的理想追求是空洞的。当一个企业在强调使命追求的时候，一定要同时考虑利润分享计划和股权分享计划，把每一个人的利益，尤其是职业经理人的利益与企业的使命追求捆绑在一起，发育出经理人阶层的股东，与企业的创业者股东、原始股东或投资人股东一起，为共同的事业做贡献。

大企业操盘手斯隆的管理心经

在"集中政策"与"自主经营"中找寻边界与平衡

尽管大家都在谈现代企业管理，但是没人表述过现代企业管理究竟是什么，它的本质内涵是什么，本质内涵的特征是什么。人们只知道现代企业管理不同于以往的管理，不同于马克斯·韦伯的科层制管理，不同于泰勒的科学管理，不同于亨利·福特胡萝卜加大棒的专制管理，却不知道现代企业管理的产生和职业经理人阶层的兴起有关。按照德鲁克的说法，职业经理人是专业人士，他们的"客户"是企业。另外，职业经理人的工作不是去喜欢别人，也不是去改变别人，而是让人们发挥出自己的长处。职业经理人的成果不仅仅指财务指标，还包括以身作则。职业经理人的领导力是成果，是一贯的行为，是取得信任的能力。职业经理人是服务人员，头衔并不是权力而是需要担负起的责任。可以说，正是因为有了职业经理人阶层，才有了现代企业管理，而这一切是从斯隆开始的，是从斯隆的管理实践开始的。

很多人受熊彼特思想的影响，认为是企业家的创新精神推动了经济的飞跃发展，然而从斯隆的管理实践中可以看出，是职业经理人所创造的现代企业管理，提高了现代工商企业驾驭资源、创造财富的能力，推动了产业社会的迅速发展。钱德勒的研究表明，现代工商企业的管理能力，是现代产业社会迅速发展的根本原因。

德鲁克写了一本书——《卓有成效的管理者》，这本书来源于实践，尤其是斯隆的管理实践，书中介绍了斯隆创立事业部制背后的理论，却没有讲卓有成效的职业经理人是如何构建现代企业管理体系的。斯隆在《我在通用汽车的岁月》中，系统地介绍了他创立现代企业管理的全过程，值得我们学习。

1917 年，通用汽车公司从原来的控股公司转变为集团公司，旗下的子公司也就变成了事业部。1923 年斯隆成为通用汽车集团公司的总裁，着手构建通用汽车公司的管理体系，基本特征就是政策协同下的自主经营或者在总部政策的协同下，各事业部自主经营。

斯隆认为，这样做的好处是显而易见的，一方面，面对复杂多变的环境，自主经营可以让人更具有主动性、责任感，更有利于事业部的成长乃至独当一面，也更能贴近事实做出决策，尤其在竞争中更能保持灵活性。另一方面，政策协同可以让公司获得系统效率和规模效益。

通用汽车公司的高层非常重视自主经营的价值，一开始就给各事业部配备了强大的管理团队，并把业务发展的重任交给了他们。但是1920 ～ 1921 年铜冷发动机事件使总部意识到，需要对各个事业部采取更严格的管控。如果没有总部的充分控制，各事业部就会变成一盘散沙，不贯彻执行公司管理层的政策，进而对整个公司造成巨大的伤害。至此，通用汽车公司管理体系的本质特征就明确下来了，就是在总部政策的协同下，各事业部自主经营。

现如今，尽管大家都在讲现代企业管理，但是并没有指明其本质的内涵。如果没有自主经营，就不能完全落实各个事业部或业务单元的经营责任。如果没有集中政策，就不能形成企业的整体合力。管理上就会出现"一统就死，一放就乱"的局面。不过，这里的全部难点在于，如何明确并平衡总部与事业部之间的责任关系。这就决定了现代企业管理体系是一个逐渐发育的过程，需要逐渐磨合，不能硬性规定，一蹴而就，总体来讲，应从以下几点出发。

第一，发育总部制定与推行政策的能力。公司总部要想制定最佳的政策，就必须拿到各事业部准确而及时的数据。只有建立财务管控程序且形成稳定的运营数据流，总部才能有能力进行政策性的引导，引导各事业部展开业务之间的协同。

除此之外，总部在制定并落实政策的过程中，必须要有足够的能力去影响事业部，这就需要逐渐建立专业的职能部门。比如，有一段时间，轿车及产品外观设计的职责归各事业部，但是，轿车外观变化的革命性以及与竞品的差异性始终没有建立起来。机缘巧合，一位外观设计天才哈利·厄尔进入公司后，总部才意识到让外观设计职能部门来负责主要产品的整体外观设计，这样做更能产生协同的效益，更能调动全公司高级专业人才的力量，产出高质量的成果。可以说，总部制定和推行政策的能力，不可能简单形成，其形成必须伴随着总部专业职能部门的发育。

第二，界定总部与事业部之间的责任边界。公司总部包括管理层和专业职能部门，总部专业职能部门的负责人由专家担任，并不拥有直线业务的权力，但在既定政策的问题上，可以就这些政策的实施直接与事业部沟通。

总部为了让自己的决定富有知识和见地，非常需要各职能部门负责人的支持。事实上，总部管理层的许多重要决策都要先和专业职能系统的"政策组"人员一起来制定，经过讨论后再被执行委员会采用。因此，执行委员会正式采纳的许多决策建议，其实都来自职能部门。比如，进入柴油机的生产领域这项根本性决策，就是基于专业职能部门即凯特灵的研究实验室的产品研发做出的。

有些总部职能，比如法务，在事业部中并没有相应部门。其他一些总部职能在每个事业部中均有所体现，包括工程、制造和分销。但总部职能和事业部的工作之间存在一些重要区别。一般而言，总部专业职能部门更关注问题的长远影响和解决方案广泛应用，事业部的工作主要围绕已经确立的政策和方案而开展。

斯隆认为，事业部从总部获得的服务，比外部采购的价格更便宜、质量也更好。总部职能部门在外观设计、财务、技术研究、先进工艺、人事和劳动关系、法律事务、生产制造和分销方面，都做出了杰出的贡献。因此，总部专业职能部门创造出来的价值必然数倍于它的成本。

总部有若干种创造经济效益的方式，其中最重要的一种方式就是与各个事业部的协同。总部管理者和事业部人员通过相互交流想法和工作进展，可以提升经济效益。各事业部也可以把各自的想法和技术贡献出来，和其他事业部及总部管理层分享。通用汽车公司在管理与工程技术上的卓越表现很多都来自事业部。

各事业部总经理在自主经营的过程中，会遇到很多表象不同的共性问题，需要听从公司总部的统一建议。在这个过程中，好的技术和想法会加以提炼，而经理们可以增长见识和技能。通用汽车公司管理层整体素养的提高，一部分得益于大家在共同目标下的经验共享，还有一部分来自事业部之间基于共同目标的相互竞争。

提升经济效益还可以通过专业分工来实现。比如，从事内部元件生产与供应的事业部，必须在价格、质量和服务上具有充分的竞争力。否则，作为采购方的事业部可以自行从外部市场上购买。公司会想尽一切办法，把内部事业部与外部竞争对手的产品进行测试比较，从而持续判断到底是应该由内部生产还是应该从外部采购。

常常有一种误解，那就是从节约成本的角度来看，自己生产总比从外部购买要划算。这种说法的理由是，如果不从外部购买，而是自己生产，就不用向供应商支付利润，从而节省了这一额外成本。斯隆认为，如果供应商的利润来自正常的市场竞争，那么自己投资这个业务的时候，必然也要预留这块利润，否则结余就无从谈起。不过，单纯依靠自己生产很难持续获得更好的产品、服务或更低的价格。在通用汽车公司销售的产品中，外部采购的部件、原材料和服务，约占总成本的 55% ～ 60%。

第三，落实事业部执行政策的责任。在通用汽车公司的管理体系中，事业部总经理的角色非常重要，他们是公司保持高效运营、快速适应市场的关键。这些经理几乎会负责事业部所有的运营决策，只是在某些重要事项上必须服从大局。他们的决策必须与公司的整体政策保持一致，运营结果必须向总部管理层进行汇报。如果某个事业部希望对运营政策做出重大变更，就必须把这个提案"推销"给总部管理层，同时还应接纳总部给出的建议。

"推销提案"的做法，是通用汽车公司管理上的一个特色。任何人的提案都必须以"推销"的方式获得总部管理层的认可，如果该提案对其他事业部有影响，那也必须"推销"给这些事业部。同样地，在多数情况下，总部也要把自己的提案通过政策组和业务集群主管"推销"给各事业部。这种做法意味着，任何根本性的决策，必须经过各方的深思熟虑才能做出。

推销想法而不是仅仅依靠发号施令行事，要求各层管理者都要为自己的提议摆事实、讲道理。总之，通用汽车公司并不合适于完全依赖直觉行事的管理者，但它为有能力并且善于理性思考的人提供了良好的环境。有些企业为了发挥某个天才员工的潜力，会围绕他来构建部门。通用汽车公司总体来说不是这样的，当然凯特灵显然是个例外。

第四，明确集体制定政策的原则。公司的管理政策决议都是经过执行委员会、财务委员会和政策小组的讨论做出的。斯隆经过长期探索认为，公司的政策应该由集体做出，并应该将政策制定的职责交给那些最有能力做决策，也最适合承担责任的人。从某种程度上说，这里面包含着矛盾：一方面，最适合承担责任的那些人必须有广阔的商业视角，能够代表股东利益；另一方面，最适合做具体决策的那些人必须贴近商业的实际运营。斯隆解决这个矛盾的主要办法，是把总部制定政策的职责划分给财务委员会和执行委员会，并在政策形成过程中，尤其涉及具体的业务活动时，比如制造和销售活动，往往要听取另一个机构即"管理委员会"的意见和建议。

由于总裁和事业部的总经理负责落实政策，因此管理委员会的主席由总裁担当，成员包括执行委员会的几位成员，两位不在执行委员会任职的虚拟集团业务主管，轿车及卡车事业部的总经理，费希博德车身事业部的总经理，以及海外运营事业部的总经理等，都是懂业务的行家里手。

　　总之，政策的制定和建议来自通晓运营的一群人，这群人在制定政策的过程中会和事业部成员非常紧密地合作，而事业部成员也是某些政策小组的成员。执行委员会具有某种裁决职能，负责审视公司的整体发展，同时又要对运营问题非常熟悉，它会基于政策小组和管理委员会的工作成果做判断，在了解运营状况的细节后做出根本性决策。财务委员会的一些成员并非公司雇员，它会在更加广泛的公司政策领域里承担责任和行使权力。

　　斯隆会花费很多的时间与精力，用于调整总部集体制定政策的机构及其责任体系。他认为这样做很有必要，如果不进行有意识的维护，包括治理、发展和重组，那么这个制定政策的责任体系，就会被逐渐腐蚀。领导人往往会有拍板做决策的强烈意愿，有时不愿经历冗长的讨论，毕竟花很多时间和精力把自己的想法推销给其他人很麻烦，而集体决策又未必总会比某个人的决策更好，甚至有可能拉低决策的平均效果。

　　不过，由于斯隆在公司政策制定责任体系上的系统治理，通用汽车公司的历史记录显示，集体决策提升了平均效果，这使得公司能够适应汽车市场自 1920 年以来每隔十年发生一次的巨大变化。

　　斯隆依据他长期的经营与管理实践，对大公司和现代企业的管理体系及其本质的内涵进行了总结与提炼，值得我们学习和借鉴。这是一套完全不同于以往的企业管理体系，充分体现了知识劳动者在企业创造价值过程中的地位和作用，也充分体现了职业经理人阶层尊重知识劳动者的本质特征。也许是这个原因，日本公司认为，斯隆的《我在通用汽车的岁月》使它们学会了对大公司的管理。

事业持续发展的根基在于坚守本行

产业社会最本质的特征就是专业化分工。专业化分工在两个层面上进行，一个层面是企业内部的"劳动分工"，另一个层面就是企业外部的"社会分工"，这是产业社会提高劳动生产率的一种有效方式。德鲁克讲了一句非常有智慧的话："木匠，坚守本行。"企业在选择进入新的领域的时候，必须问问自己"坚守本行"了没有。一旦跨界就得再问问自己是不是背离了自己的本行。否则，失效和失能不可避免。

在相当长的一段时间里，通用汽车公司主要生产轿车和卡车，在多元化发展方面非常谨慎，非汽车业务，比如柴油电力机车、家用电器、航空发动机、运土设备以及其他耐用品，大约占产品销售额的10%。

通用汽车公司的产品几乎都与发动机有关。即便杜兰特进行过很多业务拓展和多样化的尝试，也不建议涉足那些明显超越公司边界的领域，而这条边界已经被"通用汽车公司"（General Motor）的名称界定了，这就是"汽车"（motor），也有"发动机"的意思。

然而，在20世纪20年代，美国航空业的增长势头日渐显著，特别是在林德伯格1927年成功完成动人心魄的飞行以后，公众对于航空业产生了巨大的热忱，并且普遍相信这个行业很快就会有更多的奇迹诞生。对此通用汽车公司也表示认同，尤其关注发展"小飞机"的可能性，也就是家用小型飞机。通用汽车公司当然知道，要生产像这样的飞机必须做到比现有的机型安全得多、便宜得多才可以。但随着飞行奇迹的接踵而来，他们越发相信家用小型飞机至少是有可能发展起来的。他们认为这种飞机的开发将对汽车行业产生巨大的、不可预知的影响。

　　于是，通用汽车公司用收购股权的方式，收购了福克航空公司、本迪克斯公司，还有阿里森工程公司。

　　通用汽车公司收购福克航空公司后，将其改名为通用航空制造公司，并整合了一家租赁工厂。1933 年，经过资本运作，通用航空制造公司并入北美航空公司，并使通用汽车公司拥有北美航空公司接近 30% 的股权。1934 年，北美航空公司经过重组成为一家运营制造商，并搬到了加利福尼亚州英格尔伍德的一个新工厂，强化了在航空领域的生产制造能力。

　　之后几年，该公司着重发展军用飞机业务，并在这方面取得了显著的成绩。20 世纪 30 年代末，公司在几项军用设计竞赛中获奖，这些成就也奠定了它在美国飞机制造业中的领先地位。在北美航空公司生产的飞机中，广为人知的有 P-51 野马战斗机、B-25 米切尔轰炸机，以及 AT-6 得州训练机。

　　顺便说一句，AT-6 训练机反映了通用汽车公司对北美航空公司的影响。作为汽车从业者，通用汽车公司自然会考虑标准化的生产方式，实现批量生产所蕴含的经济效益。于是北美航空公司开始寻找适合大量生产与销售的飞机，并且很快断定最适合的莫过于优质的基础训练机。这样，AT-6 训练机在战争开始以前就已成为美国军方的必备机型。

　　从这一切可以看出，通用汽车公司进入飞机制造行业，对这个行业的发展是有帮助的。这种帮助主要表现在制造技术和管理上。不过，对自身的事业发展有没有好处很难说。后来的事实表明，坚守本行是必要的，也是很难的。

从 1933 年以来，通用汽车公司一直是北美航空公司的董事会成员，这种关系直到 1948 年通用汽车公司出售它的股份才结束。在此之前，通用汽车公司在董事会席位上为北美航空公司提供了大量的政策和管理指导。斯隆认为通用汽车公司在帮助这家公司制定有效而系统的管理措施方面发挥了重要作用。另外，通用汽车公司对北美航空公司的组织架构优化，以及财务、生产和成本上的控制也做出了特殊贡献。1939 年前后，北美航空公司似乎是唯一一家在生产和成本控制系统方面跟汽车行业类似的飞机制造商。

通用汽车公司与本迪克斯公司的关系跟北美航空公司的情况差不多。本迪克斯公司拥有某些设备专利，可以应用于汽车行业。它的配件生产线也包括一些汽车部件，比如刹车、汽化器和发动机启动器。另外，这家公司有一支出色的技术团队，以至于收购该公司的理由看起来比较充分。从 1929 年到 1937 年，通用汽车公司在本迪克斯公司董事会的代表人为威尔逊和布拉德利。布拉德利也是这段时间本迪克斯公司财务委员会的主席，1937 年以后，由安德森继任，并直接过问本迪克斯公司的内部管理，帮助其建立了行之有效的协同体系。

1929 年，通用汽车公司收购阿里森工程公司，阿里森的成长历程一点儿也不比北美航空公司和本迪克斯公司逊色。通用汽车公司收购阿里森的全部股份只花了 59 万美元，阿里森的业务规模很小，不到 200 人，生产设施的面积仅有 50 000 平方英尺[⊖]。通用汽车公司只是把

　　⊖　1 平方英尺 = 0.092 903 0m²。

它视为进入航空产业的次要因素。而事实证明，阿里森成了通用汽车公司与航空产业连接的主要纽带。

20世纪30年代早期，阿里森开启的一个项目，后来被证实具有重大的军事意义。这就是由吉尔曼发起的V-1710发动机项目。他对当时所有的军用飞机发动机进行了仔细调研后得出结论，有朝一日军队将会需要1 000马力的往复式发动机。

当时，军队能投入到这种项目的资金少之又少，但吉尔曼居然获得了一份小额合同，于是开始着手设计发动机。1935年，项目取得了部分成功，一台1 000马力的发动机正常运转了约50小时，而军方的要求是150小时。为此，通用汽车公司安排罗纳德·哈森到阿里森工作，在他的努力下，1937年4月23日，V-1710发动机通过了美国陆军航空兵团要求的所有测试。这是美国第一台符合要求的1 000马力飞机发动机，也是第一台真正实现耐高温的液冷发动机。

1939年3月，装载了V-1710的寇蒂斯P-40战斗机，在美国陆军航空兵团的战斗机飞行比赛中获胜，它的速度优势十分明显，比上一届大赛获胜者的速度快出每小时40英里。在那次比赛后，人们对阿里森发动机的兴趣陡增。除了美国陆军航空兵团，英法军方也开始密切关注通用汽车公司的产品。

阿里森当时面临一个严重的问题。尽管通用汽车公司1929年完成收购以来，它的业务有所发展，但仍然只是一家小型工程公司，它主要适合承担实验性工作，根本没有设施来进行量产。而在20世纪30年代末的时候，政府迫切需要的就是批量生产。通用汽车公司对事情仔细权衡后，还是决定在印第安纳波利斯建一个新的阿里森工厂。

这个决策的基础，在于 V-1710 发动机的需求量可能很大。此外，通用汽车公司不能轻易拒绝政府提出的有关国家安全的任何要求。

1939 年 5 月 30 日，通用汽车公司在印第安纳波利斯赛车场附近破土动工，修建了一个生产阿里森发动机的新工厂。而事实证明，更多的 V-1710 发动机订单真的接踵而来了，1940 年 2 月，法国政府订购 700 台发动机，几个月之后，英国政府又订购了 3 500 台。等到 1941 年 12 月，阿里森的月产量达到了 1 100 台。在战争时期，通用汽车公司竭尽全力让月产量更高些，并且发动机也在持续改进设计、增强马力，最终达到了约 2 250 马力的战斗水准。

在战争初期，通用汽车公司曾深度参与了航空业的发展，但在漫长的和平时期，如何确立通用汽车公司在行业中的长期地位就成了一个问题。于是通用汽车公司的高层尝试着重新思考航空业务的边界，以及通用汽车公司应该扮演的角色。1942 年，斯隆给通用汽车公司的战后规划小组写了一份报告，陈述了对于这个重要问题的主要观点。

在报告中斯隆提到，战后的航空产业有三个主要市场：军用、商用运输和民用私人飞行。接下来斯隆提出一个问题："我们是否想以飞机整机生产商的身份，进入其中任何一个市场或者全部市场？"经过分析，斯隆指出，在可以预见的未来，这三个航空市场对通用汽车公司来说都不具有吸引力。斯隆还特别指出，如果通用汽车公司进入飞机整机的制造领域，就可能危及公司其他的航空业务。

报告中的建议最终被公司的执行委员会采纳，通用汽车公司并逐渐制定了一项整体政策，要把公司持有的相关股权都卖掉。于是在 1948 年通用汽车公司出售了北美航空公司和本迪克斯公司的股份，并把因此获取的资本投入到了快速发展的汽车业务中。

从通用汽车公司的实践中可以看到，即便是一个大公司，一个特大型的公司，也应该像一个木匠一样坚守本行。然而坚守本行是很不容易的，需要抵挡住外部的诱惑，尤其当企业还未处在绝对领先地位的时候，更要抵挡住诱惑。不要盲目地走向多元化经营，甚至不相关多元化经营与多角经营。现代产业社会的基本原则就是：不遗余力，穷尽方法，精于一道，以此为生。很多看似发展机会，实际上是一种陷阱。真正的发展机会就在脚下，在于坚守本行。

企业政策的本质是业务协同

企业制定政策的目的，就是指明协同的方向、目标与方案。然而企业是一群平凡人的事业，没有一个料事如神的诸葛亮能给一群平凡的人制定政策。企业必须依靠一群人，依靠群策群力制定政策及其实施方案。从这个意义上说，企业政策本身就是一种协同的过程。反过来说，协同过程错综复杂，不能事先做出规定，只能依靠政策加以引导。可以说，企业政策是解决企业协同问题的唯一方法。

企业政策指向具体工作的方向和目标，指向一个时期有关具体工作或任务的协同方向与协同目标。企业政策的指向性是明确的，可以告诉企业中的每一个人，或者在政策的形成过程中就让每一个人明白，在这个阶段的重点工作任务是什么，预期的结果是什么，以及对整个企业的意义和价值是什么，等等。以便让每一个人在从事各自的工作任务过程中，自觉地向整体利益的要求靠拢，既能发挥每一个人的主动性、创造性和天赋，又能产生整体协同的效应。这种整体协同的效应，包括了相互学习、相互激励的价值。

企业政策指向的具体目标、任务和工作，并不来源于企业的战略，而是来源于企业改善运营的意图，说白了，就是从不合理现象中谋求见利见效的机会。因此，企业政策必须出自一群懂得企业运营的行家之手。

企业战略研究的是外部经济的发展趋势，主要是市场消费者的需求趋势，这影响着企业政策的制定，借用德鲁克的话说，就是使现实的目标、任务与工作具有未来意义或长期价值。

通用汽车公司在早期，还只是一个控股公司，旗下有很多子公司，各子公司都有自己的独立品牌和独立运营的权力与能力，到了1916年，就整合为一个集团公司，希望形成整体运营状态。与此相对应，子公司也就变成了事业部，各个事业部都有独立运营的权力和能力。

斯隆入主通用汽车公司以后，明确了基本的组织原则：在总部集中政策的引导下各事业部自主经营。"自主经营"强调的是责任而不是权力，总部和事业部之间的关系不是集权和分权的关系，不是权力的分配关系，而是明确各自职责的关系，明确各自分担的责任与协同关系。权力只是履行职责的手段与条件。事业部的自主经营责任，就是不断提高经营能力，创造经济成果。事业部就像一个自主经营的企业一样，必须承担起完全的责任，也只有承担起完全的经营责任，才能释放出全部的能量。

斯隆非常清楚事业部自主经营的重要性，然而，1929年的大萧条，迫使通用汽车公司采取紧缩的措施，并提拔了一批在雪佛兰成就显著的高管到总部工作，强化了总部行政性管控的状态。

———～————

1931年初，斯隆就意识到了这个问题，行政性的管控会弱化企业内部的协同效应，同时，也使公司高层陷入对事业部指手画脚的窘境。

究竟应该怎么办呢？斯隆在没有想出有效办法之前，于1931年6月成立了若干个顾问小组，希望通过顾问小组减轻公司高层的管理压力。顾问小组主要是收集事实和意见，以及建设性的建议，以帮助高层做出具有充分依据和权威性的决策。

1932年3月，通用汽车公司的运营委员会召开了三天会议，对1921年以来推行的产品政策进行了修订，同时决定整合雪佛兰和庞蒂亚克的制造业务，随后在别克和奥兹莫比尔也采取了类似的举措。在销售端，更是把别克、奥兹莫比尔和庞蒂亚克的销售工作整合到一家新成立的销售公司中。在一年半的时间里，汽车事业部从五个减少到了三个。

对于这种经营上的紧缩举措，斯隆不免担心，继而提出了一系列值得思考的问题：

1. 我们的管理规划能否对这个时代做出适当的响应？

2. 我们的组织可以自如地收缩和扩张吗？

3. 在有效协同的同时，政策与行政管理之间还能保持清晰的界限吗？

4. 如果我们恢复为先前的五个汽车事业部，那么在新形势下应该怎样协同这些品牌之间的关系？

经过深入思考，1933年11月，斯隆提出了自己的观点："我觉得对现阶段的通用汽车公司来说，解决整体组织问题有特别重要的意义，这并非只是从业务规模的考量出发，更是因为公司的业务性质必须服从某种要求，这种要求就是'快速响应变化'。当我们立足现状展望未来的时候，必须意识到要取得成功，或者说要想保持现有的市场地位，就必须制定一项政策，有了这项政策我们就可以预测事业部的哪些活动值得关注，这些活动所针对的外部环境正在发生哪些快速变化，以及今后还将怎样变化，这样我们就能采取足够快速的行动应对这种变化。"斯隆意识到，尽管经济大萧条对通用汽车公司来说影响很大。但是决定公司命运的依然是组织问题，而不是成本开支上的紧缩或扩张的问题。就组织而言，总部执行委员会的唯一职责就是政策制定。同时，执行委员会应该有能力坦诚而积极地处理各事业部的问题，并协调好各事业部之间的关系。为了尽量做好这一点，斯隆认为执行委员会应该由集团高管组成，但不应该包含事业部的高管。那么如何让集团管理层获得并使用真实准确的经营信息来制定政策呢？斯隆在他的备忘录中写道："我们必须采取一些方法和手段，让执行委员会成员能够接触到（现实）问题，从而能对这个问题做出明智而独立的判断。"

经过 1932 年修订产品政策的实践，斯隆更加明确，执行委员会的职责仅限于政策的制定，并且要独立于管理和运营人员。

当然执行委员会事实上一直是公司法定的最高运营机构，但由于它和运营委员会的工作存在交集，并且在进行决策时政策和运营双方的人员都要参与，因此政策制定与运营管理之间并没有足够清晰的界线。所以首要的事情就是明确执行委员会的职责仅限于政策的制定，并且要独立于管理和运营人员来进行。

恢复政策制定的独立性这一点非常重要，因为鉴于轿车市场当时出现的新情况，如果公司按照斯隆的提议恢复为五个事业部的话，会有一些管理问题出现。

　　当时的情况是这样的：1933 年的汽车市场，低档轿车在行业销量中的份额达到 73%，而 1926 年时是 52%。这意味着对于通用汽车公司当时的轿车产品线来说，有四条产品线分布在 27% 的市场里，只有一条产品线在 73% 的市场里。布朗先生从节约成本的角度考虑，倾向于保留三个事业部，而斯隆倾向于五个事业部，他认为尽管这会带来成本的增加，但可以通过提高销量来收回。1934 年 1 月 4 日，斯隆在给财务委员会的一份报告中，提出并部分重申了他对于商业政策一直坚持的观点，这些观点后来也成为公司的政策，援引如下："委员会的部分成员可能还记得，当杜邦先生成为公司总裁的时候，首先做的就是成立了一个工作小组，把轿车产品的研究当作非常重要的问题来抓。当时我们还拿不出基本的构想或计划，各事业部的产品之间没有建立明确的关系，也可以说是没有协同。后来大家都认识到，产品之间需要有明确的关联和一定程度的协同，而研究的目的就是确立这种关联和协同应该是什么。所以在 1921 年 4 月 6 日，距离今天快 13 年了，执行委员会达成决议，批准了这项研究……（这里说的研究就是之前谈到的产品政策。）"

　　斯隆记录了过去 13 年里汽车市场面对激烈的竞争如何演化，并且注意到，轿车的价值已经开始围绕某些因素聚拢，如外观或者样式、技术性能、价格和声誉，斯隆观察到这些方面的差异比早期时候要小，并且由于所有人都有条件获取新技术，他认为从销售角度来说，汽车技术未来并不会导致产品间的显著差异。他断定，汽车销售开始关注消费者的个人偏好了，特别是样式。对此，他说道："人们喜欢差异化的东西。很多人并不希望自己的东西和邻居家的一模一样。任何一款轿车的设计都是艺术和工程技术的结合。没有哪辆车的特色能够讨所有人喜欢。和客户重点关心的特色相比，那些相对微不足道的特色反而会让他们感到扫兴。没有哪个客户会非常理性地去判定，一辆轿车所有的购买因素的价值权重分别是多少。消费者还很看重他与经销商的个人关系，有的时候无论对错，他会跟某个经销商产生冲突。通用汽车公司的销量占行业的 45%，也就是说每卖出两辆汽车就有一辆是通用生产的，因此我们对所有这些问题都负有重要的责任。在这种情况下，获取新客户很难，而老客户一旦流失也很难补上。管理 45% 的市场份额和管理 5% 的市场份额太不一样了。

"从工程和生产的角度来说，完全有可能生产这样两款轿车：它们在价格和重量上差别不是很大，但是在外观上有很大的区别，在一些技术性能上也有一些差异，同时它们在一定程度上可以使用相同的基础工具设备来制造。"

此时有关产品线的问题集中在如下几个方面：通用汽车公司的产量目前都集中在一个狭窄的价格区间里，考虑到这些和其他种种因素，公司要把所有鸡蛋都放在一个篮子里吗？还是说应该认识到，每个人感兴趣的事情各不相同，不可能把所有好的工程设计想法都装进一个产品里？此外，经销商又是怎么想的……

斯隆写了一份商业政策声明，对这些问题予以答复："我认为，既然有 80% ～ 90% 的汽车销量正在汇聚到低端市场上，我们在这个领域就不能只有一款诉求产品。不管我们的诉求产品是什么，都必须深思如何充分包容核心设计元素之间的差异性，以吸引尽可能多的受众。根据这条原则推导，我承认生产和分销很复杂。很遗憾我们没有办法生产一款产品让所有人都来买，而且我认为在当前情况下做到这一点是不可能的。

"在增长潜力看好的市场上，必然有很多经销商拿着相同的产品，在同一领域相互竞争。我认为更好的政策是限制销售相同产品的经销商数量，通过推出不同的产品来增加市场界面，而不是走其他的路。

"为了说明这一点，我们假设在一个市场上可以维护 X 个经销商。与其让这 X 个经销商基于相同产品心怀不满地相互竞争，我相信更好的办法是让它们中间的一部分，当然我说的是大部分，参与雪佛兰产品线的销售竞争，让其他经销商参与非雪佛兰产品线的竞争。"

基于以上原因，斯隆认为，执行委员会多年前（1921 年）制定的政策应该进行全面修订，具体建议："鉴于汽车销量越来越向低价领域集中，在低价市场上拓展品类将成为公司的发展大计，这样做的时候最重要的思考是如何让这些增加的品类最大程度地满足多样性的消费诉求，让消费者对通用汽车公司的产品最大程度地接受。"

这份声明呼吁公司保持轿车的多样性，建议把事业部的产品销售从拥挤的价格区间中解放出来，而这些都需要新的协调方式。协调工作做得越多，就会在政策中理出越多的问题，这样政策和管理之间的界限也会越来越清晰。比如，当两个或两个以上的事业部采用相同的部件时，那么各事业部的协同必须建立在"部件的共用方案"基础上。这就必须有人来制订方案，从而依据方案进行协同。随着协同的展开，就会有更多原本属于管理范畴的事情进入政策协同领域。换言之，随着总部政策的增多，总部管理阶层需要直接进行管理的事情就会越来越少，依据政策引导进行协同的行为就越来越多。这样，总部的执行委员会就可以逐渐明确自己承担的职责，即制定以及推行政策。

1934 年 10 月，斯隆给执行委员会提交了如下建议："我们已经规定，政策的提出或来自总部权威，或来自运营事业部及下属机构。政策的最终决定权或审批权完全归于总部。无论政策的提出方是谁，审批方务必全面了解政策方案，包括它对公司当前业务和未来市场地位的影响。如果一项政策会产生重要影响，比如涉及通用汽车公司的运营，那就有必要集思广益，从尽可能多的角度确立基本的想法、事实和方法。如果政策审批流于形式，就会危及公司的市场地位，或者阻碍业务进程。"

斯隆进一步强调：制定或提出的政策必须富有建设性和先进性，并对业务的发展和稳定有着非常重要的影响；政策的制定或提出应独立于政策的执行，并需要通过专业化的、合理而实用的提案程序；需要设立新机构，来实现上述提案的构想，这个新机构称为"政策组"。

在 1934 年到 1937 年间，通用汽车公司率先成立了工程政策组和分销政策组。当这种尝试得到了积极反馈后，1937 年后，通用汽车公司又把政策组扩展到其他职能部门，为公司拟定政策的提案。比如，成立了研究、人事和公共关系等政策组，这些政策组跟各个事业部的业务有关。另外，还组建了海外业务、加拿大业务、通用发动机和家用电器等政策组，这些政策组跟整个公司的业务有关。

大部分政策组的成员中都有公司的董事长和首席执行官。在分销、工程、研究、人事和公共关系政策组中，执行委员会以及其他运营管理负责人也是政策组成员。政策组成员涵盖各个部门，汇集了公司管理层的全部精英，而事业部总经理被排除在这些政策组之外。

就拿工程政策组来说，工程政策组直接向执行委员会汇报，成员包括公司的董事长、总裁和总部的主要高管，主席由主管工程部的副总裁担任，成员中并不包括各轿车事业部总经理，以及供应车身的费希博德的总经理。但这些事业部的总经理及首席工程师，经常会应邀参加由政策组召集的项目审议会议。

正是由于这些政策组的成员中包含了公司的主要管理层，因此它们的政策建议常常会被执行委员会采纳。另外，由于这些政策组既没有对事业部的管辖权，也没有对政策的最终决定权，因此在统合职能部门和直线业务部门意见、筹划政策建议以及支撑管理决策方面，能够发挥重要的作用。

不仅如此，政策组还是具体政策落实过程中的一个重要的环节，能确保各方展开有效的协同。比如，工程政策组在开发新车型过程中，按公司总部的要求控制时间进度，确保各系列的年型车能够如期推向市场。主要方式是保持与外观设计部、工程部、轿车事业部、车身供应商的紧密联系，并在每个关键环节组织项目审议会议以及跟踪每次会议结果的落实。当某个环节审议通过后，任务的担当机构和应用其成果的机构，就可以进行下一个环节或者下一个阶段的工作。如果没通过审议，就需要相关的任务担当机构根据审议会议的意见和建议，如期做出修改和调整，以确保最迟的审批通过时限。在这个过程中，政策组一旦发现问题必须及时纠偏，或直接向执行委员会报告，及时纠正偏差。

　　从斯隆的管理实践中我们可以看出，企业组织问题的核心是协同，而协同的前提条件是各个事业部或业务单元的自主经营，即在承担完全经营责任的基础上，充分发挥各自的力量。在这种情况下，让拥有资源和能力的事业部与业务单元协同起来，不可能通过行政化的管理实现，甚至不可能通过总部的管控实现，只能通过公司政策的制定和推行以及一系列政策引导的方式方法实现。这是现代企业管理的核心内涵，也是被很多企业忽略的管理要害。

财务管理是管理体系的重要组成部分

"人财物"是企业经营中的三种最重要的资源，而且是三种不可分割的资源。现代企业管理不是对三种资源分别进行管理的体系，而是对三种资源进行整体管理的体系。我们在讲"财务管理"的时候，一定要很清楚，它是企业管理体系中的一个部分，一个不可分割的组成部分。必须按照企业整体运营的要求，尤其要按照企业各方利益关系平衡的要求，来思考与安排企业的财务资源，确保财务资源再生产的良性循环，避免财务资源的枯竭。

一个企业的财务资源能不能长期稳定增长，说到底，取决于企业对运营体系的管理能力，包括对企业内外分工一体化关系体系的管理能力。通用汽车公司自从采用了现代企业管理体系，或者集中政策下的自主经营体系之后，业务增长速度超过了同行，并逐步成为世界排名第一的汽车生产商。同时，公司的员工、股东、经销商、消费者、供应商乃至政府，都从中获得了巨大的收益，分享到了成功。

斯隆认为，通用汽车公司的成长历史，就是财务资源增长的历史，两者相辅相成。财务资源的增长不只反映了公司成长的历史，更反映了财务资源管理对公司成长的促进作用。

通过资本拨备管控、现金管控、库存管控、生产管控等四项财务资源管理措施，为公司的发展奠定了稳健的基础。当财务管理和运营管理两者结合起来的时候，两者都变得稳健了。财务管理把握住了企业整体运营成败的关键，从而使企业运营有了造血的机能，使财务资源不断地增长，强化了企业运营体系调动资源的能力。一句话，运营能力不断提高，财务资源不断增长。

随着公司运营能力的提高和财务资源的增长，尤其是利润的增长，与股东分享利润，争取股东更大的支持和投入。通用汽车公司自创建至 1963 年，把大约 2/3 的利润分给了股东，这个分配比例比绝大多数的企业都要高，从而鼓舞了股东为了获得更大的利益，继续大力支持公司的发展，把分得的巨大收益进行重新投资，这就形成了财务资源的良性循环，满足了公司长期发展的资本需求。

遇到外部经济大萧条时，在企业运营和财务管控上能够做出正确而快速的应对，不仅避免了企业倒闭或破产，而且略有盈余，确保了企业的正常运行以及股东的根本利益。

斯隆十分重视财务管理在企业整体运作中的地位和作用，他认为从财务的角度看，通用汽车公司的发展，可以分为三个阶段。

第一阶段是经济大萧条以前，时间从 1908 年到 1929 年，这个阶段是通用汽车公司长期业务扩张期。尤其从 1918 年 1 月到 1920 年 12 月，动用资本⊖总计增加了约 3.16 亿美元。同时，花在厂房、设备以及未经整合的下属公司上的开销约为 2.8 亿美元。运营资本项目大幅增长，这其中主要是库存，从 4 700 万美元增长了 1.18 亿美元，达到 1.65 亿美元。

⊖ 动用资本是指有价证券持有者对企业的投资。资金来源包括股票（普通股和优先股）、债券、额外资本投入（资本盈余）、留存净利（利润盈余）。动用资本分为两大类别：运营资本和固定资本。

为了收购雪佛兰和联合汽车的资产，以及费希博德公司60%的股份，通用汽车公司动用了大量的现金，因此不得不借助于资本市场筹措资金。1918年12月，董事会批准向杜邦公司出售24万股普通股，公司在这笔交易中赚取了近2 900万美元的现金。1919年5月，公开出售利率6%的企业债券优先股，面值5 000万美元，但是售出的企业债券面值只有3 000万美元，公司获得的收入为2 500万美元，剩余的2 000万美元企业债券并没有售出。

募集到的资金不足以支撑工厂的开销，也不能满足运营资金的需求，特别是在库存增长已经超过新工厂和新设备支出增幅的情况下。因此，公司在20世纪20年代初又组织了一次重要募资，即利率为7%的新企业债券，同时宣布原利率6%的优先股股东和企业债券持有者每股拥有两股的配股权，他们的认购方式可以是全部使用现金，也可以是一半使用现金，另一半用手中股票的结余来支付。这次新发售行动以失败告终。它表明金融界对于通用汽车公司内部事务的失控感到担忧。杜兰特和拉斯科布曾希望通过发售新的企业债券募集约8 500万美元。实际上他们这次只筹得1 100万美元。这样一来，杜邦公司不得不出面干预。在杜邦公司的帮助下，通用汽车公司于1920年夏天发售了超过6 000万美元的新增普通股，之后不久又从银行那里贷款超过8 000万美元。

从1918年1月1日到1920年12月31日的这个业务扩张期，通用汽车公司的动用资本总计增加了约3.16亿美元，其中有5 400万美元来自企业支付了5 800万美元红利以后的再投入。剩余部分主要来自有价证券新发售所得的现金和资产。

公司在经历 1918 ～ 1920 年的扩张期以后，进入 1921 ～ 1922 年的收缩期。到 1922 年底的时候，银行的债务已经结清了，库存和厂房资产也进行了保守评估。当渡过难关的时候，通用汽车公司已经具备了年产 75 万辆轿车和卡车的产能，尽管当年售出的汽车只有 45.7 万辆。

1923 年是汽车产量增长的标志性的一年，但从 1923 年到 1925 年的三年时间里，通用汽车公司的产能并没有重要突破，因为杜兰特和拉斯科布先前的方案已经为公司应对汽车市场的大幅增长提供了坚实的基础。

1925 年，在美国和加拿大工厂的轿车和卡车销售量达到 83.6 万辆，比 1922 年的 45.7 万辆增长了 83%。虽然销量增长了，但同时期的库存反而从 1923 年初的 1.17 亿美元减少了 500 万美元，降到了 1925 年底的 1.12 亿美元。同期的净运营资本增加了 5 500 万美元，增幅为 44%，销售额从 1923 年的 6.98 亿美元，增长到了 1925 年的 7.35 亿美元，净利润从 1923 年的 7 200 万美元增长到了 1925 年的 1.16 亿美元。

总之，这个时期公司用更经济的手段生产出了更多的轿车，在 1923 年到 1925 年的三年时间里，净利润总计 2.4 亿美元。公司把其中的 1.12 亿美元分给了普通股股东，把 2 200 万美元分给了优先股股东，合计 1.34 亿美元，占同期净利润总额的 56%。

1926 年，通用汽车公司总共卖了 123.5 万辆轿车和卡车，与 1925 年创下的最高销量相比，增长了近 50%。投入的资金来自利润盈余、计提折旧准备金以及发行的新股。

这个时期的扩张计划，使公司的设施从几个方面都得到了发展，一方面扩大了轿车的产能，尤其是雪佛兰事业部和新成立的庞蒂亚克事业部，其中雪佛兰的销量在这四年里几乎翻了一番。另一方面随着轿车装配产能的增长，还扩大了配套设施。

1925 年，通用汽车公司在英国收购了一家小型制造厂——沃克斯豪尔，又于 1929 年在德国收购了一家更大的制造厂——欧宝。在美国和加拿大工厂的轿车与卡车销量从 1922 年的 45.7 万辆增长到 1929 年的 189.9 万辆，销量增长了三倍。同期销售额增长了两倍多，从 4.64 亿美元增长到 15.04 亿美元。得益于在此个时期陆续建立起来的一系列有效财务管控程序，1922 年的库存失控问题在此期间没有再出现。

第二阶段是从经济大萧条到第二次世界大战时期，时间从 1930 年到 1945 年，最困难的年景当属美国股市崩盘后的三年。1929～1932 年，美国和加拿大的轿车和卡车产量重挫 75%，从 560 万辆降到 140 万辆，而同期的销售额降幅更大，零售额从 51 亿美元暴跌至 11 亿美元，跌幅达 78%。然而公司在这三年间仍然盈利 2.48 亿美元，并累计给股东派发红利 3.43 亿美元，超出公司盈利 9 500 万美元。1930～1934 年，公司的业务紧缩，某些年份的派息较少，但公司每年仍然保持盈利并进行了分红。这个时期，公司支付的红利累计达到净利润的 91%。

公司的财务和运营管控系统的快速反应，让库存的下调与销售的跌幅保持一致，同时也能控制成本，确保盈利。

1930 ～ 1934 年，公司在新厂房和新设备上的开销总计 8 100 万美元，同时，关闭了一些多余的厂房、设备。到 1935 年，美国和加拿大工厂的轿车和卡车销量已经恢复到超过 150 万辆，约占 1929 年产量高峰期的 80%。

1936 年，派发了创历史新高的 2.02 亿美元红利，1937 年达到 1.7 亿美元，在这两年里，派发的红利占到了公司净利润的 85%。

1935 年，公司批准了一项计划，对生产设施进行重组、重调和扩建，拿出超过 6 000 万美元来扩大产能，同时斥巨资进行厂房设施的现代化改造和更替，这个扩建项目于 1938 年完成。

在 1940 ～ 1945 年的六年时间里，通用汽车公司获得了大量的政府生产订单，公司迅速从美国最大的汽车生产商转变为美国最大的战时物资生产商。

当战争结束的时候，公司又迅速恢复到和平时期的生产，这种应对能力来自公司的管理体系和周密规划。尽管在 1940 ～ 1944 年，累计给股东派发了 77% 的公司净利润，但公司的资金流动性增长良好。

通用汽车公司财务的这段历史是当时的商业周期和公司投资决策的缩影，这两股力量虽然有时候单独起作用，但更多时候是合在一起发挥着作用。

斯隆认为：你要想在企业经营上有所作为，就要知道实业金融的战略性问题是优化财务要素。对于这个问题虽然仁者见仁，但从原则上来说，债务会增加股东的投资回报率，同时也会增加投资的风险。

杜兰特先生和拉斯科布先生有强烈的投资意愿，对于债务的限制并不多。杜兰特先生把这种想法在通用汽车公司用过了头，导致公司在1918～1920年的业务扩张期间埋下隐患，拖累了公司此后六年的发展。即便如此，如果公司在1918～1920年的时候能够采用管理和财务控制手段，那么就有可能在拓展业务的同时避免公司危机的发生。就杜兰特先生个人而言，显然在1920年的经济衰退中，债务问题也给他带来了灾难。

同样显而易见的是，从1921年到1946年，公司避免了长期负债。斯隆自己对债务是有抵触情绪的，这可能和他的个人经历有关。事实表明，经营合理、财务管控得当，公司在不举债的情况下也能做得不错。公司在1926年之前花费都很少，从1926年到1929年，在派发适当比例的红利后，用留存收益来支持业务的发展也不难。换句话说，在20世纪20年代，公司除了短期有过银行贷款以外，其他时间都可以在不举债的情况下，兼顾资金的支付和业务的发展。到了20世纪30年代，即便业务进入了收缩期，债务的问题也没有出现。等到第二次世界大战的时候，公司曾通过政府申请了10亿美元的银行信贷资金，用于支持应收账款和库存。但该条款下的借贷额度有限，最大借贷额是1亿美元，并且偿还时间不超过一年。随着这个旧时代的终结，通用汽车公司迎来了第二次世界大战以来的大发展时代。

第三阶段是第二次世界大战之后的17年，时间从1946年至1963

年，公司进入新的扩张期。公司的工厂支出超过了 70 亿美元，净运营资本增长了 27.53 亿美元，公司的净利润累计 125 亿美元，留存利润超过 45 亿美元，约合 36%。

通用汽车公司总共融资 8.465 亿美元，其中有 2.25 亿美元的债务在 1962 年底以前偿还了。此外，公司发售了大约 3.5 亿美元的普通股，主要用于 1955 ～ 1962 年的员工持股计划。借助于留存利润的再投资和新证券的发售，公司动用资本从 13.51 亿美元跃升到 68.51 亿美元。

早在战争结束以前，公司于 1943 年就对战后的业务发展进行了全面规划。因此在距离战争结束还有两年的时候，公司就在为轿车和卡车重回大规模生产时代做准备，每个事业部都有详细的扩展计划，另外还针对数以千计的供应商和转包商制订了和平时期的伙伴关系延续计划。

1954 年初，在财务资源饱受压力的情况下，公司宣布了一项工厂投资的远期计划，在两年时间里投资 10 亿美元，为汽车事业部增加产能，以满足市场扩张的需求，同时对现有设施进行现代化改造，大力加强对自动变速器、动力方向盘、动力刹车以及 V8 发动机等生产设施的投资。

这个时期，随着股票和企业债券的发售，公司在执行好扩张计划的同时，继续推行丰厚的分红政策。

在 1958 年的经济衰退时期，公司在美国生产的轿车和卡车销售额较前一年减少了 22%，但单位销售额的下降对盈利造成的冲击被有效缓解了。1958 年公司每股盈利 2.22 美元，仅比 1957 年的 2.99 美元减少 25.75%。这些成果很大程度得益于公司多年来建立起的有效、及时的财务管控措施。

尽管通用汽车公司的工厂总资产从 1946 年 1 月 1 日的 10.12 亿美元，增长到 1962 年 12 月 31 日的 71.87 亿美元，以美元计价的增长超过了 6 倍，并且资金来源于留存利润和计提折旧储备金，但公司仍然支付给股东总计 79.51 亿美元的红利，约合净利润的 64%。在这一时期，分股调整后的每股红利从 1945 年的 0.5 美元增长到 1962 年的 3 美元，股价从 12.58 美元增长到 58.13 美元。纵观战后时期，股东回报颇丰。

综合上述，从 1917 年 8 月 1 日正式组建通用汽车集团开始，到 1962 年 12 月 31 日这段时间里，员工人数从 2.5 万人增长到超过 60 万人，股东人数从不到 3 000 人增长到超过 100 万人。

在美国和加拿大生产的轿车和卡车销量从 1918 年的 20.5 万辆增长到 1962 年的 449.1 万辆。此外，在海外工厂生产的轿车和卡车销量达到了 74.7 万辆。而销售额的增长更快，从 1918 年的 2.7 亿美元飙升到 1962 年的 146 亿美元，总资产从 1.34 亿美元增长到 92 亿美元。在长达 45 年的时间里，公司的分红总计接近 108 亿美元，占公司总盈利的 67%。

从斯隆的实践中我们可以感悟到，现代企业管理体系的重要组成部分是财务管理，是现代财务资源的运筹管理。没有财务运筹的思想和意识，没有与相关者共享利益，没有与股东包括投资人股东和经理人股东共享利益，企业在运营上就很难获取所需要的支持和资金，财务资源就会逐渐趋向于枯竭。因此企业的领导阶层及经理人阶层必须懂得财务资源的管理，必须是财务管理的行家里手。

企业在推动科技进步上扮演核心角色

一般而言，工业生产企业在技术进步上所做的事情，主要是研究和开发（简称 R&D），包括基础研究、应用研究和开发研究，又称"三段研究"。开发研究又包含三项内容：生产过程开发研究、产品开发研究和市场开发研究。

与基础研究相联系的结果是科学的发现，是科学家们的事情。与应用研究相联系的结果是技术的发明，技术的发明是工程技术人员的事情，他们专注于寻找科学发现的应用领域，形成可应用的技术活动领域。这个技术活动领域的自然延伸就是开发研究，形成新产品的开发、新生产工艺路线的开发和新市场业务的开发，进而形成生产活动领域和商务活动领域。

亨利·福特早年着眼于产品开发，也就是 T 型汽车，后来着手开发固定流水生产线，有效地降低了生产成本，提高了生产效率，开创了大众汽车消费时代，使汽车进入了寻常百姓家。围绕着 T 型汽车的开发，亨利·福特还进行了一系列材料方面的研究，这种研究属于应用研究的范畴，是比开发研究更为基础的研究，涉及金属结构和热处理，涉及一些科学研究成果的应用。

工业企业都知道技术的进步是生产力，亨利·福特曾经说过，工业技术的潜力是无限的。索尼公司的盛田昭夫也说过，技术是创造财富的源泉。

斯隆认为，通用汽车公司是一个工程组织，因此通用汽车公司的进步和技术的进步联系在一起，通用汽车公司为此付出的努力也将永无止境。对于汽车行业来说，研究和工程的永恒动力来自加速技术进步，把科技成果应用到产品与制造中，不断缩短产品开发与生产的时间差。

为了实现这些目标，通用汽车公司在很早以前就把职能部门和运营部门进行了区分，并且在 20 世纪 20 年代初就组建了研究部，大约十年之后又组建了工程部。到了 60 年代，通用汽车公司有四个技术部门，分别是研究实验室、工程部、制造部和外观设计部，它们被安排在底特律附近的通用汽车技术中心一起办公。

通用汽车公司最早的研究工作可以追溯到 1911 年，当时由亚瑟·利特尔成立了一个通用汽车实验室，主要进行材料的分析和测试。但主流研究来自代顿的通用汽车研究实验室，它从事汽车领域的开发，其领导人是凯特灵。

1955 年，通用汽车公司开启了科学技术研究领域的全新篇章，公司任命杰出的核能科学家劳伦斯·哈夫斯塔德担任研究副总裁。但他并不是一名训练有素的汽车工程师，也从未与任何一家汽车公司搭上过关系。他的到任反映出，研究实验室的工作重心事实上正在朝着对新问题的广泛研究稳步前进，即通用汽车公司开始注重基础研究。

与此相对应，通用汽车研究实验室的工作职责主要分为三类。

第一，解决公司生产中遇到的技术麻烦，运用专业知识来提供必要帮助，比如消除齿轮噪声，检测铸件的材料缺陷，或者减少震动。

第二，从解决问题的视角出发，创造性地进行工程改进。这些问题既包括诸如传动液、轴承、燃料等方面的改进，也包括高端的应用研究，比如燃烧、高压缩比发动机、制冷剂、柴油发动机、金属与合金钢、空气污染研究等问题。

第三，推动开展一些深入的基础研究。

斯隆认为，随着科学技术取得了巨大的成就，整个产业界开始步入"研究时代"。然而，工业中，"研究"这个词有很多种含义，它可以表示科学发现，也可以是先进的工程技术。对于"研究"大家一直难以找到一种界定的方法，把更加基础或根本性的研究和应用研究区分开来。普遍认同的观点似乎是，基础研究只是探索新知。因此，基础研究这个问题的解决主要在大学和政府，但近些年来工业企业也开始思考并关心"基础研究"的问题了。

斯隆尝试着通过"阿尔弗雷德·斯隆基金会"，资助了大学的一个物理学基础研究项目，希望能借此培养相关人才。

斯隆认为，产业界参与的基础研究，可以分为两个部分，产业组织内部的研究，以及产业组织资助的外部研究。由于基础研究成果是知识转化为产业应用的基础，因此产业界对大学的基础研究进行资助既合适，又体现了开明的自利，从长期来看，有助于产业的发展。但需要个折中方案，因为科学家主要是为了探索新知，产业界则是希望把知识转化为最终的应用。比如，产业界可以适当地聘请科学家从事行业领域的基础研究，科学家的研究兴趣与产业界的研究兴趣要一致，即便各自的动机不相同也没关系。这里讲的"折中"并非针对动机而言，而是说双方感兴趣的目标领域是一致的。

科学家眼里的"基础研究"可能就是产业界的"探索性研究"。斯隆认为像这样的基础研究是值得产业界参与的，因为无论科学家的公心和动机如何，产业界对于研究的应用都抱有合理期待。为了避免研究活动受到某种约束，产业界需要和学术界并肩合作。

　　总之，基础研究是为了探索新知，主要是大学承担的职责，产业界应该对大学的基础研究给予支持。对于产业界和学术界共同关心的基础研究课题，产业界参与其中有着特殊的意义，可以使基础研究的成果转化更快。同时，产业界内部应建立基础研究小组，并聘请在基础研究领域成果丰硕的科学家，以提升产业实验室和企业的成效与声望。

　　从斯隆及通用汽车公司的实践中可以看到，应用科学技术的进步来推动产业的发展，已经成为历史的潮流。主导并应用科学技术进步推动经济发展的主体力量是工业企业。对中国的企业来讲，推动科学技术的进步，展开基础研究、应用研究和开发研究，是历史赋予的神圣使命和不可推卸的责任。

推动任务落地有效沟通不可或缺

在西蒙的决策思想中，决策不只是一个拍板的过程，还是一系列沟通和协调的过程。在现代企业中要想做成一件事情，沟通是必不可少的，甚至可以说，做成一件事情的过程，就是一个不断沟通的过程。通过沟通企业可以把各方的力量协同起来，齐心协力，把一件事情做好。

早在第二次世界大战结束前，通用汽车公司工程技术设施不足的问题就已经显现出来了，公司不同技术部门的员工分散在底特律的不同地方勉强办公。尤其是外观设计部，备受重型工程部，特别是柴油发动机生产线噪声的干扰。

1943 年，在斯隆公开发表名为"挑战"的演讲后，通用汽车公司的各工程技术部门就开始为战后的设施及生产制订计划。在这个过程中，涉及了研究部门和工程部门之间的关系问题，自然就产生了一种想法，寻找一块地方，建设一个庞大的技术研究中心，把所有技术相关的部门全部放在一起办公。

这对通用汽车公司来讲，是一件非常重大的事情。谁都不知道如何做好这件事情，其中涉及一系列的决策，且没有人能对每一步的决策承担责任。事情也许只能这样：通过沟通最终达到理想的状态，或者说，一群平凡的人在一起经过沟通，干成一件不平凡的事情。

1944 年 3 月 29 日，斯隆给凯特灵写信，第一次提出了自己的想法："亲爱的凯特灵先生，我一直在思考一些能够影响公司长远发展和地位的问题，如果可以，我希望能够征求您对这些问题的意见。

"我们都已经认识到，技术进步是我们未来保持竞争优势的关键所在。在公司这些年来的研究活动中，我们在科学和工程之间保持了不可思议的平衡。我感兴趣的是，我们现在拥有的这种不可思议的平衡是否能够持续。我大胆猜测，未来 10 ～ 20 年里，通用汽车公司将比现在更专注于科研领域，我所说的'科研领域'，是指那些与我们利益直接相关或者间接相关的研究活动，但绝不是'工程'这个词的通常含义。

"现在我想起您经常跟我提到并且我也认同的观点，就是缩短从产品研究开发到产品应用的周期。

"这些年，为了加快我们产品的研究开发进程，我们已经尝试了很多不同的方法。比如，在总部工程部的领导下建立产品研究小组，并接受工程部负责人的指导。通过这种方式，工程开发变得更加实用了。

"我认为，我们应该由集团公司主管工程的副总裁，来建立一套正当、可信的中央职能，从整体上管理轿车的工程研发。

"我设想开发一个实体来承载这些职能，它的位置要在底特律附近，而不在市内。这个实体能够缩短前沿研究应用到产品上的时间，并且不需要对现在的工程和科研工作做任何变动。如果未来我们的研究工作打算更多地专注于科学研究领域的话，那么我们就应建立一个机构来承担这方面的职能。"

凯特灵用一个具体的计划对这些建议做出了回应。他提出扩大研

　　究设施的投入，除了机床和模型制造车间以外，将所有设施都搬迁到新址。他把这份计划发给了亨特（负责工程职能的副总裁），亨特又转给了斯隆。

　　1944 年 4 月，斯隆在给亨特的回信中写道："我们都同意，不管需要付出多大的代价，与我们将会从中收获的相比都是微不足道的。何况增加设施上的投入，是为了生产并出售技术上可靠、称心且先进的产品。

　　"我确信，我们的研究设施需要增加，目前的设施不仅不足，无法取得我们想要的结果，而且地理位置的分布也很不合理。

　　"我绝不想以后再花钱去做同样的事情。因此，我相信这个计划是可行并且必需的，也就是建立一个全新的场所，让运转情况更加符合我们的要求。"

　　最后，斯隆在这封信的结尾处对凯特灵的建议提出了修改意见和建议："让我们把修建的这个场所称为通用汽车技术中心，包含凯特灵提出的研究职能，还有工程职能、哈利·厄尔的车身设计，等等。这样我们就把工程职能的扩展与我们在底特律的产品扩展对应起来了。"

　　1944 年底，斯隆认为这个建议已经到了可以提交给管理委员会进行讨论并审批的时候了。1944 年 12 月委员会会议的记录如下："斯隆先生向委员会建议，他正在拟订一项在底特律邻近地区建立技术中心的计划，以响应公司有关提高技术实力的政策。他指出，这个计划目前处于试探性阶段，完整的资料将会在稍后提交。他建议这个中心应该包括现有的研究事业部和艺术色彩设计部，同时还要有总部的工程研究职能，它类似于总部工程部从事的产品研究，既有别于研究事业部现在的工作，也不涉及事业部工程项目组的工程开发。委员会主席征求了大家的意见，出席会议的相关人员都表达了自己对这个建议中的技术中心的支持和浓厚兴趣。"

接下来是技术中心的选址问题，经过讨论，通用汽车公司的管理团队达成了共识，认为技术中心应该远离人口密集的市区，但要靠近铁路，距离通用汽车大楼约 25 ～ 30 分钟车程，并且临近住宅区。同时达成的共识还有，每个职能部门都应该保留各自的标识。

1944 年 12 月中旬，通用汽车公司找到了一块满足他们各种要求且面积合适的土地。剩下的问题就是采取什么样的建筑和审美标准。哈利·厄尔从一开始就主张，应该建造一座标志着成功的建筑，并且该建筑还应该拥有与众不同的特色。其他人则认为，任何对高审美标准的强调，都有可能会使技术中心的实际运作打折扣，所以他们希望由通用汽车公司自己来设计和规划这个项目。就在这场争论进行的时候，斯隆恰好参观了刚刚完工的底特律乙基公司实验室，那些漂亮的建筑给斯隆留下了深刻的印象，于是斯隆开始更倾向于采纳厄尔的观点。

一些人担心，美学导向的技术中心会影响功能，其中包括拉默特·杜邦。于是斯隆在 1945 年 5 月给他写了一封信，阐述了其中的好处。同月，拉默特·杜邦回复斯隆，表示满意："我之前对这种项目的外观重要性表示质疑，唯一的理由就是它要拿得出技术成果才可以。正是由于这一点，我在发表意见时，首先谈到了建筑公司的布局规划，而按照我的设想，应该由一家工程公司或者通用汽车公司自己的工程师来设计才更加合适。我从您的来信中得知，我们并不会让外观妨碍到技术方案，也不会大量增加项目成本。有了这两条确认，我对该项目仅有的疑问已经得到了答复。"

最后通用汽车公司请厄尔为技术中心去寻找能够提供合适设计的建筑师。厄尔拜访了很多顶尖的建筑设计学院，也广泛地征求了这个领域内其他专业人士的意见，最后发现，几乎所有的推荐都指向了沙里宁。

于是 1945 年 7 月，通用汽车公司就拿到了建筑的初步设计方案、精心制作的比例模型，以及各栋大楼的建筑效果图。7 月 24 日，通用汽车公开宣布了这个项目，并得到了新闻媒体的广泛赞誉。

到了 10 月，通用汽车公司对这块土地进行了初步平整。后来项目被迫延期，主要原因是 1945 年秋到 1946 年 3 月的战后大罢工。此外，战后市场的繁荣，使扩张生产设施这一需求远比建任何大楼，甚至是技术中心都要迫切。

1949 年，建筑项目重新动工，1956 年，通用汽车技术中心落成，位于底特律的东北方，占地面积大约 900 英亩，离通用汽车大楼约 12 英里。这片场地的中心是一个 22 英亩的人工湖，周围三面环绕着建筑群。北面是研究实验室，东面是制造部和工程部大楼，南面是外观设计部大楼，其中有一个与众不同的圆顶礼堂，用来展示相关部门的工作成果。整个技术中心建筑群大约容纳了 5 000 名科学家、工程师、设计师和其他专家。技术中心南面和西面树木繁茂的区域，为技术中心保持了独特的"校园气息"。而技术中心真正的不寻常之处在于，它既提供了良好的运行功能，又不失优雅。

从案例中我们可以看到，企业是一群平凡人的共同事业，要想让一群平凡人干出一些不平凡的事情，关键在于沟通。斯隆作为领导人也是沟通的发起者，他非常清楚有效的沟通必须立足于企业的前途。既然主题是建设技术中心，那么沟通的对象就是凯特灵这样的核心人物，认认真真征求他的意见和建议。而凯特灵也非常认真，他以计划的方式做出了回复。可见沟通不在于技巧和方法，而在于认真程度，在于围绕主题对事情的持续深入思考程度。

适应变化是企业面对的永恒主题

经营好一家企业的关键，是能够不断响应外部市场的变化，尤其是通过产品的不断创新，去响应顾客需求的改变。

在 20 世纪初期，汽车还是一种新产品，美国的汽车产业刚刚起步。面对这样一个方兴未艾的新兴产业，大家都在摸索经营好这个行当的方式方法。

如今大家能脱口而出的福特先生、别克先生、雪佛兰先生、克莱斯勒先生、纳什先生等大人物，当时他们与这个行业成千上万的人一起，从事着平淡无奇的企业运营，根本没有意识到自己将对行业的命运做出革命性改变。

1908 年，福特成功地开发了 T 型车，后来还开发出了固定流水生产线，开创了一个大众消费汽车的市场，成为美国的英雄。但是到了 20 世纪 20 年代，福特依然以一款 T 型车打天下。斯隆认为，福特的经营模式已然僵化了，但他依然沉溺于已经过时的经营理念不能自拔。

以斯隆为首的通用汽车公司领导层，深刻感受到了汽车市场的变化，并通过点点滴滴、艰苦卓绝的努力（仅在 1921 年——组织建设之年，执行委员会就开了 101 次会议），终于探索出了一条有别于福特汽车的发展之路。

斯隆认为："通用汽车公司的成功源于整体经营效率以及随之而来的业务增长……而且，通用汽车公司之所以能走到今天，是因为它的人才以及他们一起工作的方式。产业机会使这些人加入一家企业，在这里他们的工作被有效地组织了起来。"

　　汽车这个领域，对任何人都是开放的，包括科学进步的信息是共享的，技术知识可以自由流动，生产技术透明公开，市场是全球性的。在这个开放的产业环境下，究竟谁能胜出呢？说到底，只有顾客的选择才能决定谁能成为市场的宠儿。

　　在20世纪初，当通用汽车公司开始这段伟大冒险的时候，整个汽车行业都在寻找出路和方法。一切都是不可预知的，经销商的销售数据是未知的，经销商的库存轿车数量是未知的，消费者需求的发展趋势是未知的；也没有人意识到二手车市场的重要性，不同轿车市场份额的统计数据是缺乏的，没人跟踪车辆登记的情况。因此，生产排期与最终需求之间缺少真正的联系，产品策划没有考虑产品之间以及产品与市场的关系，面对市场的挑战也没有想到过产品线的开发这个概念。今天大家熟知的"年型车"的推出，在当时仍是件遥不可及的事，甚至产品的质量也是时好时坏。

　　一切都得从头开始，面对企业内部各自为战、互相掣肘，以及外部福特一家独大的局面，以斯隆为首的领导层，首要任务是找到适合公司的组织形式，这就是集中政策下的自主经营，而这种组织形式设计的初衷就是快速响应市场的变化。在斯隆看来，汽车生产商一旦陷入僵化，那么不管它的业务规模有多大，市场地位如何，必然会被市场严厉惩罚，比如不久之后的福特。

　　市场和产品都在不断变化，在这种情况下，如果企业对于变化准备不足，尤其缺少应对变化的政策，就很可能面临失败的境地。

在通用汽车公司，这些政策是由总部管理层来提供的。起初为了应对福特 T 型车的猛烈攻势，通用汽车公司并购了多种产品线，期待"东方不亮西方亮"，结果却演变为内部的争夺。斯隆主持经营后，于1921 年出台了一项明确的总体产品政策，概括为"开发适合每种价位与要求的汽车"，以响应消费者随之而来的多样化乃至个性化的需求。后来随着产业的发展和演化，公司始终坚持这一政策，展现出了应对竞争和顾客需求变化的能力。

与此相对应，通用汽车公司在经历了铜冷发动机事件的失败后，产品研发的协同在总部高层、事业部、职能部门之间逐渐形成了。

在这段时间，通用汽车公司依靠封闭式轿车的有效开发，满足了消费者品质升级的需求，且抢占了大部分市场。到了 20 世纪 30 年代初的经济大萧条时期，市场需求发生了逆转，低价车成为消费主力，通用汽车公司立即对于这种需求变化做出了调整。随着经济的复苏，消费者对高档产品的需求再次升温，1939 ～ 1941 年，也就是美国参战前夕，低档车的市场份额减少到了 57%，大致相当于 1929 年的份额水平。于是，公司又据此进行了调整。

截至 1954 年，传统的低档轿车的市场份额再次达到约 60%。但是，通用汽车公司注意到，低档轿车的产品内容正在发生根本性的变化。当时的市场特征，在 1953 年 9 月《财富》杂志的一篇文章中描述得很清楚："战后的卖方市场上，轿车厂商发现，它们在每辆车的基础上还可以卖出更多的产品，包括更多配件、奢侈款、改进款和创新款。如今的汽车厂商必须这样做。随着消费者购买力的提高，厂商更愿意给每位轿车的买主推销更多产品。"

20世纪50年代末60年代初，市场上发生的一些戏剧化事件，可以很好地体现顾客喜好的变化之快。同时，也可以看到汽车行业对这种变化的反应速度。1955年，美国汽车销量达到历史新高，其中98%是国产的标准尺寸车型，剩下2%的销量是国外和一些国内的小型轿车。然而，仅仅过了两年，到了1957年，国外进口轿车，特别是日系车和国内小型轿车的市场份额增长到了5%。

当时，人们对于小型轿车的市场需求能否继续增长并不确定，但通用汽车公司已经意识到了这种可能性，并且已经着手设计这类轿车。早在1952年，雪佛兰在取得总部管理层的认可后，就成立了研发小组负责开发一款小型轿车。一旦市场需求大幅增长，达到了量产要求，雪佛兰就将这款车型投入备产。这款车被命名为"科威尔"，1957年末设计宣告完成，并于1959年秋季推向市场。后来公司又推出了其他一些产品，包括1960年的别克特别款、奥兹莫比尔F-85、庞蒂亚克风暴，1961年的雪佛兰Ⅱ型，以及1963年的舍韦勒。

虽然这些小型轿车的设计初衷是针对经济型顾客，希望满足他们降低初次购买成本和维护费用的需求，但是很快公司就看到了一些迹象，即顾客仍然追求标准尺寸轿车所具有的那种舒适、方便和讲究设计的品质，也希望自己的小型轿车能装配更好的内饰设备、方便实用的配件，以及自动变速器、动力转向系统、动力刹车。1960年的科威尔·科鲁泽（Corvair Monza）轿车配有自动变速器、凹背座椅、特别内饰和豪华装饰，推向市场后不久，就几乎占有科威尔产品线一半以上的销售额。

纵观整段历史，汽车行业一直都要面对的问题就是，如何预测顾客偏好的变化。即使新产品的开发需要数年时间，也要时刻做好准备来发现有效需求。对此，时任通用汽车公司董事长兼首席执行官的唐纳先生是这样说的："为了应对市场的挑战，我们必须尽可能早地认识到顾客需求和欲望的变化，这样我们就可以在正确的地点、正确的时间，以适当的产量推出适当的产品。"

当然，企业既要顺应顾客偏好的发展趋势，也要对生产制造过程做出适当的妥协和让步。只有平衡好两者之间的关系，才能让最终产品既可靠美观又性能良好，并且能以具有竞争力的价格实现必要的销量。总之，设计的轿车不仅要符合企业的生产要求，更重要的是要符合顾客的购买需求。

汽车市场的发展已经证明，通用汽车公司1921年制定的产品政策是正确的。1963年，通用汽车公司总裁约翰·戈登表示："我们的政策，即开发适合每种价位与要求的汽车，至今依然适用。我们从没有像今天这样，能给顾客提供如此多样化的选择。1963年的车型年，国内厂商提供的车型总共有429款，仅通用汽车就有138款。"

值得一提的是，通用汽车公司并没有对产品的制造做硬性规定，但汽车是业务的核心。业务的经营有赖于经验与能力，一旦某些业务的经营和管理技能不符，公司就会从这些业务中撤出。比如，在1921年，公司从农业拖拉机的业务中撤出，就是因为不能在这个领域做出特殊的贡献。从那以后，公司陆续放弃了飞机制造、家用收音机、玻璃制造和化学制剂公司的股权。

总体来说，通用汽车公司在产品市场上取得的领先地位，都不是通过收购公司实现的，而是依靠自身的稳步发展取得的。换言之，通用汽车公司会提前涉足某项业务，然后辛勤地开发产品市场。无论是汽车、家用冰箱、柴油机车，还是航空发动机，都是如此。

斯隆认为，没有一家公司能停止变革，虽然变革既可能让一家公司变得更好，也可能变得更糟。组织不会自行运转，组织的功能只是基于已经确立的准则提供一个框架，最终起决定作用的还是人。在这个框架内，人们可以用一种有序的方式进行决策。而成败的关键在于，决策的制定者和责任人不是简单地对某个既定公式加以应用，而是要针对不同的情况做出决策。在决策过程中，固定、硬性的规则永远不能替代人对于商业问题的合理判断。

从斯隆领导的通用汽车公司的历史中可以看出，一个企业要想不断适应外部环境的变化，最重要的是要不断推出适销对路的产品，去满足市场顾客的需求。市场需求的变化以及市场竞争格局的改变是最活跃的因素，也是一个企业持续成长的动力所在。

复盘通用汽车公司成功的原因

　　一个企业的成功，强调的是贡献与成就，强调的是对产业社会所做的贡献，以及在产业社会中所取得的成就。也许这种贡献和成就意识是一个企业成功的内在原因，也许企业职业经理人具有这种贡献和成就意识，是企业成功的原因。

　　通用汽车公司是一家成功的企业，斯隆是这家企业的职业经理人。他担任这家公司的首席执行官23年之久，在公司董事会和委员会中任职长达45年，曾是公司主要政策和运营管理的关键人物。

　　截至20世纪60年代初，这家公司已成为全世界最大的私营工业企业。它的历史伴随着20世纪美国经济的发展，且遍布世界道路通达的许多地区，它深度参与了工艺技术的现代化发展，可谓无处不在。代表品牌包括雪佛兰、庞蒂亚克、奥兹莫比尔、别克、凯迪拉克和吉姆西（GMC）。这些品牌的轿车和卡车的产量，占美国和加拿大市场大约一半的份额。公司的海外业务，包括英国的沃克斯豪尔、德国的欧宝、澳大利亚的霍尔登，以及在阿根廷和巴西的工厂生产的轿车和卡车，1962年在美国和加拿大以外市场上的销量，占总产量的大约1/10。全球有大量的机车、柴油机、燃气涡轮发动机和家用电器产品，也是通用汽车公司生产的。公司的主营业务是汽车，约占民用业务的90%。

　　斯隆在汽车行业及相关领域从业超过65年，其中整整45年是在通用汽车公司（1918～1963年）。

　　斯隆认为，对通用汽车公司的发展产生最重要影响的因素是，集中政策下自主经营的管理体系、管控财务，以及针对汽车市场高度竞争所采取的产品经营理念。换言之，正是这三个因素构成了通用汽车公司经营业务的基础。

1923～1946年，斯隆作为通用汽车公司的总裁和董事长，同时兼任首席执行官。在此期间，公司发育出了大企业管理体系的基本特征，并且一直保留至今。毫无疑问，使通用汽车公司转变为一家现代集团公司，与斯隆这位优秀的职业经理人是分不开的。

斯隆在加盟通用汽车公司之前，是海厄特滚珠轴承公司的业务负责人，也是股东之一。后来（1916年）这家公司成为联合汽车公司的一部分，再后来（1918年）联合汽车公司被并入通用汽车公司。自从加入通用汽车公司以后，斯隆就成了该公司的一名重要股东。有很长一段时间，他都是通用汽车公司最大的个人股东之一，持有大约1%的普通股。

对斯隆而言，站在股东的角度思考问题，是一件很自然的事情。他既坚定地站在股东的一边，特别是在董事会和委员会的议席上，认真思考红利的支付问题，同时也是一名优秀的公司管理者，用斯隆自己的话来说："管理一直是我的专长，在我担任首席执行官期间，很多情况下我自己就可以对政策的推行负责。然而通用汽车公司的原则是，虽然政策的提出可以来自任何地方，但它必须首先经过委员会的评议和批准，然后才能交由个人来处理。换言之，通用汽车公司是把一群非常能干的人组织起来，对公司实施集体管理。"

斯隆认为，通用汽车公司取得这样的成就，背后还有许多因素，比如，人们积极进取、富有创业精神，日益丰富的科学技术、商业诀窍和产业技能等，广袤的土地、平坦的道路和富裕的消费者，富于变化的市场以及具备了大规模生产的基础，还有企业间的自由竞争，等等。

可以说，除了企业自身的能力之外，通用汽车公司能取得这样的成就，和它适应了美国汽车市场的特征，有着非常重要的联系。

反过来说，美国汽车市场特征的形成，也有通用汽车公司的一份功劳，是双方相互促进的结果。比如，厂商如果想在美国的汽车市场谋求生存，就需要每年赢得新车消费者的青睐。而年型车是赢得消费者青睐的一个重要因素，厂商必须对这样的促销有所行动，否则就会被市场淘汰。通用汽车公司在年型车的发展上独领风骚，这和早期的福特汽车恰恰相反。由于对满足客户要求有着十足的动力，通用汽车公司总是充满活力。

汽车为当代的产业社会提供了最伟大的发展机遇。通用汽车公司有幸从一开始就抓住了这个机遇，包括非常重视技术的进步及其应用，如借助于内燃机技术，公司在公路、铁路、航空等领域均实现了交通工具的规模化生产。

另外，斯隆很重视公司的业绩表现，这让他在抓住历史机遇的同时，也满足了企业各方的利益，包括股东和员工、经销商和消费者。作为当时最大的私营实体企业，1962 年通用汽车公司有超过 100 万名股东，大约 60 万名员工，资产达到 92 亿美元，销售额 146 亿美元，利润 14.6 亿美元。

斯隆认为，一家竞争性企业的业务规模，是市场竞争成败的关键，如果企业大量生产汽车和机车等产品，除了要满足本国的大市场，还要销往全球，那么做大业务规模是明智之举。或者说，业务的增长以及为实现业务增长所付出的努力，对一家企业的健康发展来说至关重要。借用他本人的话说："我并没有预见通用汽车公司能有这样的业务规模，也没有把规模作为一个发展目标。我只是认为，我们应该精神饱满地工作，不要束手束脚。我也不会给业务的发展设限。"

斯隆进一步认为，业务的增长和企业的进步彼此关联，在竞争性的经济环境中，企业的业务增长不能停滞不前。障碍、矛盾和新问题层出不穷，行业新视野又会激发人们的想象，持续推动产业的进步，但成功可能会招来自满，企业在竞争中谋求生存的强烈愿望原本是最强的经济激励因素，然而，当企业取得成功时，这种动力会减弱，不愿变革的惰性思想会让企业的冒险精神丧失。

当这种惰性的影响力变大以后，企业就不能识别技术的进步与消费者需求的变化，或者面对更加激烈的竞争束手无策，从而导致业务增长陷入停滞，甚至可能出现衰退。企业长久建功立业、保持至高的领导地位的难度，往往会比开疆拓土的难度更大，任何行业都是如此。这是行业领导者面临的最大挑战，也是未来的通用汽车公司需要面对的挑战。

在斯隆看来，业务规模只是表现形态，支撑通用汽车公司业务规模的是组织方式，即集中政策下的自主经营，它不仅对通用汽车公司来说非常有效，而且已经成为美国许多企业的标准做法。这种组织方式与适当的财务激励政策相结合，就成为通用汽车公司组织政策的基石。

斯隆强调，他的管理哲学有一个核心思想，就是基于事实做商业判断，当然最终决定商业判断的往往是直觉。或许有一些正规的方法，可以提高商业战略或政策制定的逻辑性。但商业判断的背后，是要找出与技术、市场等因素相关的事实和情境，掌握它们持续变化的规律，这就需要做大量的工作。现代技术发展得越来越快，因此，对相关事实的搜集已经成为汽车行业长期发展的必要条件。

在斯隆看来，通用汽车公司最大的优势在于，组织是依据客观性原则设计的，不会因为人的主观性而迷失。而且，好的管理不能仅靠组织方式及其结构设计，组织与管理的成效还取决于经营者本身以及对他人的授权。为此，斯隆身体力行，在公司内部形成了一种尊重客观事实的氛围，事实上每个经理人都乐在其中。用斯隆的话说："我的经验告诉我，在组织问题上没有简单的公式可循。个人的角色非常重要，以至于有的时候，一个组织或者某个部门的构建必须围绕一个人或多个人来进行，而不是让这些个人来适应组织。工程部门的早期开发经历，恰好体现了这一点经验。尽管如此，但当公司的任何部门不得不向个人妥协的时候，必须采取严格的约束措施，因为任何行动步骤都要有限度，这种妥协的做法也不例外。正如我所说的，组织要想保持健康，就必须始终超越主观性来做事情。"

斯隆在担任总裁的初期，主要工作就是对亟待解决的问题进行系统治理，公司许多长期的基本政策也是在那时初步形成的。然而，公司在年复一年的运营中，必须持续创造出新成果，来对早期的政策进行改进和修订。此外，公司也必须针对新环境制定新政策。斯隆认为，变革意味着挑战，而企业应对挑战的能力标志着它的管理水平。通用汽车公司要想保持业务的增长和繁荣，必须对产品、客户需求和外部压力的深刻变化及时做出回应。

　　在斯隆看来，一个企业的成功，取决于产业社会所提供的机遇，以及企业抓住机遇的能力。而这种能力说到底是组织与管理的能力，尤其是尊重客观事实做出判断和采取行动的能力——实事求是地对产业社会的发展以及市场需求做出积极的响应。同时对企业内部的人与事，做出客观而公正的安排，以调动方方面面的主观能动性。

包政30年研究经验集中分享

打通分工与组织的关系,帮助企业完成思考, 学会构建中国人自己的商业理论。

管理的本质（珍藏版）
ISBN：978-7-111-74341-5

企业的本质（珍藏版）
ISBN：978-7-111-74336-1

营销的本质（白金版）
ISBN：978-7-111-74402-3

未来管理的挑战（珍藏版）
ISBN：978-7-111-74399-6

通用汽车总裁斯隆一生的管理经验。
德鲁克、比尔·盖茨、克里斯蒂·麦克唐纳、包政推荐。

经理人的工作：向斯隆学管理
（2024年7月出版）

我在通用汽车的岁月
ISBN：978-7-111-67511-2